DO NARCISISMO À DEPENDÊNCIA

Uma introdução metapsicológica a um funcionamento contemporâneo

Daniel Cardozo Severo

DO NARCISISMO À DEPENDÊNCIA

Uma introdução metapsicológica a um funcionamento contemporâneo

DIREÇÃO EDITORIAL:
Marlos Aurélio

CONSELHO EDITORIAL:
Avelino Grassi
Edvaldo Araújo
Fábio E.R. Silva
Márcio Fabri dos Anjos
Mauro Vilela

REVISÃO:
Ana Rosa Barbosa
Nathália Liberato Varussa

DIAGRAMAÇÃO:
Érico Leon Amorina

CAPA:
Erasmo Ballot

COPIDESQUE:
Ana Aline Guedes da Fonseca
de Brito Batista

Todos os direitos em língua portuguesa, para o Brasil, reservados à Editora Ideias & Letras, 2023.
3ª impressão

EDITORA
IDEIAS&
LETRAS

Avenida São Gabriel, 495
Conjunto 42 - 4º andar
Jardim Paulista – São Paulo/SP
Cep: 01435-001
Editorial: (11) 3862-4831
Televendas: 0800 777 6004
vendas@ideiaseletras.com.br
www.ideiaseletras.com.br

Dados Internacionais de Catalogação na Publicação (CIP)
(Câmara Brasileira do Livro, SP, Brasil)

Do narcisismo à dependência: uma introdução metapsicológica a um funcionamento contemporâneo/
Daniel Cardozo Severo.
São Paulo: Ideias & Letras, 2015.

Bibliografia.
ISBN 978-85-65893-89-3

1. Consciência 2. Dependência 3. Dependência química
4. Existência humana 5. Narcisismo 6. Psicanálise
7. Relações humanas I. Título

15-05528   CDD-150.195

Índices para catálogo sistemático:

1. Dependência na existência humana: Narcisismo:
Psicanálise: Psicologia 150.195

Sumário

Prefácio 7
Introdução 11

PARTE I 33
Capítulo 1: Ansiedades e angústias
da repressão social 34

PARTE II 61
Capítulo 2: Freud e o narcisismo 62
Capítulo 3: Klein e o narcisismo 82

PARTE III 99
Capítulo 4: A toxicomania e o
maníaco-depressivo 100
Capítulo 5: O espelho quebrado 108
Capítulo 6: Mãe morta, porém não posta 120

Considerações finais 135
Referências bibliográficas 145

PREFÁCIO

É com muita satisfação que tenho o privilégio de apresentar o livro de Daniel Cardozo Severo, *Do narcisismo à dependência: Uma introdução metapsicológica a um funcionamento contemporâneo*.

O livro de Severo reflete a sua determinação em enfrentar a complexidade, a amplitude temática, o narcisismo, a dependência, a subjetividade e a sociedade atual sem abster-se da profundidade e da leveza da escrita.

A organização do texto consta de uma introdução que contextualiza a cultura do imediatismo e da superficialidade das representações psíquicas singulares e coletivas, seguida pelos capítulos intitulados "Ansiedades e angústias da repressão social", "Freud e o narcisismo", "Klein e o narcisismo", "A toxicomania e o maníaco-depressivo", "O espelho quebrado" e "Mãe morta, porém não posta".

A leitura de *Do narcisismo à dependência: Uma introdução metapsicológica a um funcionamento contemporâneo* me estimulou a compartilhar algumas considerações que permeiam o trabalho de Daniel.

Em tempos de excesso de informações, a subjetividade singular corre o risco de dissolver-se nas redes sociais e demais mídias. Embora a sociedade contemporânea possa ser nomeada como sociedade da informação e do narcisismo, penso que estamos no culto, pela ignorância, da paixão, e, pela paixão, da ignorância.

Permanece o desafio da integração, espaço temporal gerador de saber, da passagem da vivência à experiência subjetiva.

Com tantos apelos midiáticos ao consumo de modos e modas, o sujeito singular e o sujeito de grupo são arrastados pela alienação de sentido. Eles são mergulhados no universo da cultura de massa com a sua rígida divisão em agrupamentos e categorias sociais, gêneros e idades, inclusão em hordas e tribos que dificulta o acesso à vida comunitária, grupal e singular do sujeito do inconsciente.

A globalização e a tecnologia com o emprego de vasto repertório de recursos midiáticos podem transformar os indivíduos em consumidores ávidos de paraísos virtuais. Desse modo, observamos a paradoxal situação de indivíduos ligados e conectados com a perspectiva instantânea de ficarem desligados e desconectados do meio social circundante. Ou seja, ficar "na sua onda", que pega, massifica e aprisiona com ares de doce liberdade. Com tantos aparatos de escape, dificulta-se aceder à subjetividade e refletir

DO NARCISISMO
À DEPENDÊNCIA

sobre os excessos de oferta de promessas falidas de felicidade.

O uso e o abuso de substâncias psicoativas, um dos aparatos de escape, remontam ao surgimento da humanidade, pois o homem sempre esteve às voltas com produtos que alteram o estado de consciência. As drogas fazem parte da cultura humana com diferentes usos devidos, como, por exemplo, fármacos com amplo espectro de benefícios para uso médico, como os utilizados no controle da dor, embora também possam ser utilizados abusiva e indevidamente, constituindo, assim, um enorme potencial de risco para o usuário e para o meio social. O indivíduo contemporâneo vale-se das substâncias para produzir alterações da percepção da realidade pessoal e do ambiente, buscando, narcisicamente, a obtenção de bem-estar.

É de uso corrente a separação das drogas em leves e pesadas, de acordo com o potencial farmacológico da substância. Entretanto, do ponto de vista psicológico, podemos sugerir como critérios para esclarecer a dependência o significado, a intensidade e a frequência da relação do sujeito com a droga no gradiente de leve a pesada. Deve-se considerar, principalmente, a vivência psicológica que o usuário configura diante da falta do efeito psicofarmacológico da droga.

Finalizo com os agradecimentos ao autor, Daniel Cardozo Severo, pela relevante contribuição para estudantes, clínicos, educadores, pesquisadores e demais interessados na constituição da subjetividade humana e de seus percalços.

Manuel Morgado Rezende
Professor titular do Programa de Pós--Graduação em Psicologia da Saúde da Universidade Metodista de São Paulo (UMESP)

Presidente da Associação Brasileira de Psicologia da Saúde (ABPSA) da Universidade Metodista de São Paulo (UMESP)

INTRODUÇÃO

O presente livro surgiu da reformulação e revisão de um trabalho realizado em 2005. Obteve alterações e revisões minuciosas referentes tanto a sua estrutura quanto à perspectiva sobre conceitos e diagnósticos realizados pelo trabalho inicial. A retomada e alteração se deram tanto pela relevância do tema quanto pela necessidade de um olhar profundo e diferenciado sobre ele, pois, ultimamente, muito se tem debatido sobre os problemas humanos das várias formas de dependência, e, em especial, da química. Talvez essa última ganhe destaque por ser considerada, patologicamente, como a primeira ou a mais antiga forma existente. Ou, talvez, a sua proeminência se dê pelo seu caráter negativo e/ou destrutivo frente a outras formas de dependência que seriam mais aceitas socialmente, como as das crianças ou dos bebês em relação aos seus pais, ou nossa compulsão contemporânea pelo consumo, por exemplo. Mas, independentemente do motivo de seu destaque, pois sabemos, seja ela química ou não, que existem inúmeras formas de dependência na existência humana, vamos aceitá-las como nos são apresentadas e compreendê-las como um sintoma, tal como a psicanálise concebe, ou seja, que a sua proeminência em nossa sociedade se dá por algum motivo latente nele contido. Ela será a manifestação de um funcionamento, de uma construção inconsciente, isto é, uma construção da existência humana. Por isso, iremos considerar as dependências como simplesmente dependência e visaremos percebê-la por um prisma, ou, mais especificamente, por uma perspectiva. Será por essa perspectiva que desejamos alcançar sua essência, ou seja, utilizaremos a dependência química como um caminho que nos levará ao funcionamento global e ao núcleo de todas as suas manifestações. Pois, em última análise, todas as dependências são trilhas distintas de um mesmo ato de expressão que lhe está embutido.

Para compreendermos como as mais variadas formas de dependência remetem a um mesmo ato de expressão da existência humana, precisamos introdutoriamente checar o que nossa atual ciência positiva entende por natureza, mais especificamente por natureza humana. Será desse lugar que ela retirará ou desenvolverá seu saber e sua visão de homem. Inicialmente, portanto, percebemos que o seu *topos* cognoscente caracteriza a dependência (e em especial a química) como uma doença, isto é, ela seria o efeito de uma causa orgânica e/ou psicológica. Essa caracterização da expressão humana como doença nos daria uma

DO NARCISISMO
À DEPENDÊNCIA

pista ou uma indicação de qual seria a sua visão da natureza humana, a saber, que ela seria o resultado de um entrecruzamento de inúmeros acontecimentos independentes entre si (sociológicos, antropológicos, psicológicos, orgânicos etc.) que se interligariam pelo regimento das relações causais. No caso específico em destaque, eu teria uma doença que refletiria o mau funcionamento de algum ou alguns acontecimentos independentes, isto é, a causa seria ou do ente psicológico, social, orgânico ou de todos ao mesmo tempo. Desse modo há o esvaziamento do próprio comportamento humano, pois ele se tornaria o resultado de algo ao qual inicialmente não pertence. O significado de um determinado comportamento não estaria presente nele próprio, mas possuiria uma origem distinta.

Ao focarmos especificamente na psicologia, vemos que ela compartilha ou se submete a dois tipos de visão científica. A primeira delas, de um lado, seria a de uma concepção humana organicista/mecânica. Suas pesquisas pautar-se-iam em análises físico-químico-matemáticas e sua imagem da natureza e, em especial, do organismo seria a de um aglomerado de *partes extra partes* unidas pela causalidade objetiva. A concepção seria a de uma justaposição de mecanismos independentes, buscando sempre, através de comprovações empírico-numéricas, darem-lhe teor de realidade. Dentro desse contexto, seria o cérebro a enteléquia psicológica. Do outro lado, vemos a psicologia como algo que se assemelharia ao "espírito". Ela teria como fenômeno central a consciência, na qual se sustentaria todo o conjunto das relações objetivas do ponto de vista psicológico. Haveria a redução dos fenômenos psicológicos (emoções, temperamento, personalidade, inteligência etc.) em entes independentes,[1] aos quais se submeteriam a uma espécie de análise criticista da consciência psicológica, pois seria ela como fenômeno psicológico, que analisaria os próprios fenômenos psicológicos. Apesar das divergências entre essas visões, percebemos, então, que há em ambas o mesmo ponto de partida, pois elas acreditam que existe um psicológico em si, seja como um mecanismo orgânico, seja como um mecanismo espiritual.

Vemos, portanto, que há, de um lado, uma psicologia que pressupõe uma consciência que analise os fenômenos psicológicos no intuito não só de conhecê-los, mas também para lhes conferir vida psicológica. Ela seria a *causa sui* psicológica. O temperamento só existe, por exemplo, porque ele é passível de ser conhecido conscientemente. Essa psicologia, portanto, transformar-se-ia em uma psicologia da consciência. Entender esse fenômeno passa a ser seu foco principal, pois é através das estruturas da consciência que chegamos aos objetos e ao próprio homem. Do outro lado, vemos a psicologia lutar para se firmar como

---

[1] Não é à toa que Piaget (por exemplo, em *Epistemologia genética*. Coleção Os pensadores. São Paulo: Abril Cultural, 1983, p. 30) se impressiona ao constatar que toda criança possui em potência sua inteligência formada. Constatação que o leva a rever tudo aquilo que ele entende por "organismo", e o faz atribuir a esse novo orgânico o matemático que há em cada um de nós.

DO NARCISISMO
À DEPENDÊNCIA

uma ciência natural. E, para isso, ela sempre buscará comprovar-se dentro dos parâmetros do realismo e materialismo, organizando suas considerações dentro das régias do pensamento causal. O cérebro, e/ou outros órgãos, é um pedaço ou setor do mundo real predestinado ao psíquico. As divergências encontradas na psicologia concernentes à visão de homem são, então, uma questão de mão e não de rota a ser seguida pelo psicólogo, pois o que lhe resta escolher é qual mão adotar. Portanto, seja pela via da consciência ao corpo físico-químico-orgânico, ou o inverso, o psicólogo só possui um único caminho, pois, ou ele vai calcar suas explicações pela via das ações da consciência sobre o corpo ou vai considerar a consciência como um produto, uma segunda realidade gerada pela primeira, ou seja, o absoluto corpo orgânico. Desse modo, a psicologia contemporânea compartilha uma mesma visão de homem, a saber: que ele é um composto de consciência e organismo, restando-nos saber qual é, na causalidade, a ordem dos fatores. Ou vemos o homem que através de sua consciência acessa a natureza posta como uma unidade objetiva, ou vemos o homem organismo que gera outra realidade dentro da recíproca da causa e efeito.

    O prognóstico desse breve diagnóstico de nossa psicologia atual deixa-nos como saída uma interessante possibilidade: retornarmos aos fundamentos teóricos para lhes extrair o essencial. Ir ao antigo na intenção de captar o fenômeno incoativo. Desse modo, esse regresso às origens teóricas comporta a elaboração de outra perspectiva distinta do *corpus* cognoscente. Cabe a essa perspectiva atual certa desaprovação, pois, como vimos, ela compreende o homem como o resultado de uma mistura de efeitos. Suas causas, as quais nos determinam, impedem de nos conceber como um ser integrado ao mundo. A todo o momento, nossa integridade é cindida em objetos científicos. Ora sou um objeto da biologia, outra da sociologia, e no caso da dependência, ora sou um distúrbio ou doença, outra sou um problema social. No entanto, como é que esses elementos ganham sentido para mim? Já que a ciência nos arranca do mundo, ela não poderá ser o caminho de me apresentar o mundo. A ciência visa explicar as coisas, mas sem as experiências que temos delas, seus símbolos não têm sentido. Descartes[2] estabeleceu que só chegamos ao mundo – o qual é sinônimo de conhecimento – pela verdade. No entanto, ela só nos é acessível se nos separarmos da experiência, causa dos nossos erros. Talvez, pela perspectiva cognoscente, isso faça sentido. Entretanto, o que seria do conhecimento sem a existência? Ou, o que seria do universo científico sem o mundo vivido? Se quisermos compreender como o universo científico é possível, ou como seus símbolos ganham sentido, temos que experimentar o modo pelo qual esse universo é construído a partir de nossas vivências. Todavia, não

---

2 DESCARTES, R. *Meditações metafísicas*. Coleção Os pensadores. São Paulo: Abril Cultural, 1973.

DO NARCISISMO
À DEPENDÊNCIA

conseguiremos apreciar toda a profundidade e alcance do sentido da existência se atribuirmos o universo científico como o simples efeito dela. Precisamos captá-lo como uma forma de expressão da experiência do mundo. Pois a própria configuração da natureza científica a impede de ter o mesmo sentido de ser do mundo percebido, sede de nosso contato mundo, e é desse encontro que nascem nossas sensações, sentimentos e pulsões. Ao se prestar a explicar nossas experiências, não posso me definir como a ciência me define, pois não sou apenas os elementos biológicos, sociológicos ou psicológicos (ser vivo, homem ou consciência), tal como as ciências naturais ou históricas desejam. Na verdade, eu sou os motivos que lhes confere vida. As experiências que tenho não são efeitos mediados pelos ambientes sociais ou físicos em que habito. São elas que os sustentam e que dão vida a esses ambientes.

É para esse contexto existencial que, como instrumento, a psicanálise nos serve – como o pincel serve ao pintor, ou como o lápis que uso para escrever me serve nesse momento. Se o mundo passa a existir para mim através das experiências que tenho com ele, percebemos, então, que essas experiências nos deixam marcas. O mundo ganha colorido através das sensações de prazer que colhemos com ele, o sentido é construído e marcado por essa sensação. Antes de ascender-nos à consciência, vemos o inconsciente, essa instância geradora de sentido com o mundo, devido ao seu vínculo específico com ele, se apropriar do mundo que se dispõe em torno de mim. As operações conscientes e racionais se estabelecem somente após o mundo já ter começado a existir para mim. Portanto, precisamos retomar essas origens teóricas para elaborar o novo, buscar outra perspectiva, visar encontrar o mundo anterior ao conhecimento do qual a ciência retrata. Dessa forma entendemos a psicanálise não como um conhecimento *stricto sensu*, mas como uma expressão estética pautada em uma ética, uma criação significativa desse contato com o mundo. A psicanálise seria, portanto, uma forma de expressão do modo como o analista percebe o mundo passando a ter existência para mim. Seus conceitos possuiriam a mesma natureza das palavras como quando o poeta as utiliza. Vemo-nos como obras, como tentativas de retratar a ordem espontânea das coisas, a ordem nascente, a busca de uma relação primordial com o mundo.

Entendemos, portanto, que essa busca do artista deveria ser também a busca da psicologia, ela deveria estudar as relações e produções vivas com o mundo e não as fotográficas da consciência. Se nos ativermos às relações primordiais, perceberemos que nelas não há intuição clara e distinta dos sentidos. A vivência apresenta-se como um todo, de onde se irradiam sentidos que fundam nossa existência e constituem o nosso inconsciente. A expressão do real pode se dar de inúmeras formas, mas, de fato, essa experiência primordial que nos funda não nos decompõe em

DO NARCISISMO À DEPENDÊNCIA

pensamento, alma e corpo. A palavra na origem não representa, ela é um ato de expressão e de apreensão de uma perspectiva do mundo. Como as obras de arte, a palavra traz, pela expressão, o objeto para consciência, especialmente, os objetos esquecidos da nossa constituição. O latente, que dá o escopo à palavra, traz nele a origem do sistema inconsciente para fundar tudo de novo – o qual se denomina compulsão à repetição. Claro que aqui não se pretende negar o ponto de apoio da alavanca de Arquimedes do inconsciente-linguagem. Talvez, o que se questione aqui é: qual linguagem falamos, afinal? Pois percebemos que tudo ganha sentido no seu ato de expressão. Dessa forma, vemos que as dificuldades iniciais do inconsciente são as mesmas que as nossas primeiras tentativas de fala, ou seja, ele, como a fala, visa sempre buscar o outro para experimentar a mesma experiência que o fundou.

Explicitado o ponto psicanalítico de partida, concentremo-nos na estrutura do presente livro. O desejo de redigi-lo nasceu da leitura do interessante diagnóstico realizado por Bastos (2003). Em um dos textos a autora traça um paralelo entre as diferenças antigas e atuais do mundo, trecho sucinto, porém muito intenso:

> *O mundo de antes não era melhor, mas sua rígida solidez nos permitia contra ele nos revoltarmos em busca de horizontes melhores para todos. O de hoje resulta num vazio sem futuro em que apenas importa a cada um se dar bem aqui e agora* (BASTOS, 2003, p. 264).

Segundo a autora, ocorreu uma modificação das relações estabelecidas na atualidade demarcadas pela individualidade, não oferecendo, no *outro* e em nós mesmos, pontos bem estabelecidos para nos orientarmos ou nos rebelarmos. Se mergulharmos um pouco mais na questão, não a ponto de nos afogarmos nela, veremos que esses meandros da individualidade moderna, nos quesitos relacionais da sociedade, são permeados por muitas interrogações sobre a violência. Sabemos que indivíduos voltados para si, ou melhor, eminentemente narcisistas não denotam preocupações em relação ao outro, não destinam investimento algum para fora das fronteiras que demarcam o seu corpo. O outro serve como mero instrumento para a obtenção do prazer.

De um lado, podemos, através desses mecanismos narcisistas, obter satisfações imediatas, e, por outro, não construir bases para elaborarmos planos futuros. Habituamo-nos pura e simplesmente ao presente, ao aqui e agora e, por isso:

> [...] não é à toa que as colagens narcísicas são tão precárias. Não é à toa que o sentimento de vazio e de inutilidade está tão presente. [...] não é à toa que o abuso das drogas se configura como o mal deste século (BASTOS, 2003, p. 260).

Vivemos em um mundo de fantasia, onde a realidade não é nossa convidada e nos enfurecemos quando ela entra sorrateiramente. Tentamos expulsá-la com toda nossa força, moldando verdadeiros castelos encantados psíquicos. Só que nos esquecemos, ou

DO NARCISISMO
À DEPENDÊNCIA

nos deixamos esquecer, de que são feitos de areia, pois basta um leve pestanejar do sopro da realidade para que eles desabem. Pois, simplesmente:

> *O poder imperial de sua* Majestade, *o bebê, não reconhece o* outro *como valor simbólico. Apenas o* um *existe. Como princípio e como fim. Como o todo-poderoso. O outro, o estranho, com suas singularidades – quer a do indivíduo, quer a dos povos – não é, pela estrutura narcísica fechada, levado em conta* (BASTOS, 2003, p. 267).

Esse não levar em conta opera em vários âmbitos da vida, principalmente quando falamos de leis.

As leis sociais, não só as regidas pela balança da justiça, estabelecem pontos importantes na elaboração da relação *Eu-outro* de maneira saudável. A priori, obrigam esse *Eu* fechado em si a abrir-se ao *outro*, a investir no *outro*. Elas demarcam o que é do *Eu* e o que é do *outro*. Porém,

> *o poder narcísico é descontrolado e selvagem, pois não é limitado pela Lei. Essa operação simbólica é o que permite que o poder narcísico seja contido pela consciência moral* (BASTOS, 2003, p. 267).

A origem desse narcisismo é, para a autora (BASTOS, 2003), uma resposta defensiva perante a vitória do império capitalista no mundo e a fragmentação do ser advinda do fracasso social. O progresso do capitalismo, com a ruína das utopias socialistas, acentuou o personalismo instituindo novas configurações sociais e novas subjetividades, isto é, o narcisista. Hoje, temos o indivíduo situado em si mesmo que ilustra essa resposta defensiva à fragmentação da organização social e ao estrago de expectativas futuras. Diante desse quadro, o investimento proeminente do indivíduo em estruturas narcisistas defensivas acaba por se manifestar de duas formas: do ponto de vista social, amplia as intransigências com as discriminações de toda ordem, alcançando graus de brutalidade impensáveis; e do ponto de vista individual, observa-se a procura ávida da prosperidade e do bem-estar contíguos, representados por um consumo de serviços e bens (drogas legais e ilegais) incluídas a qualquer custo. Assim, há de ambos os lados a adoção da posição narcísica nas relações, deteriorando as criações humanas, sendo o próprio homem uma delas. A importância da autora em destaque é a percepção da centralidade do narcisismo nas relações humanas atuais. Portanto, retroagir às origens do conceito para captar o nascimento de uma expressão humana, se faz necessário.

Dessa forma, ao rastrearmos o sentido do conceito de *narcisismo* na psicanálise, o encontraremos remetendo-se às relações iniciais humanas com o mundo. Inicialmente, pela obra de Freud (*apud* LAPLANCHE & PONTALIS, 2001), ele seria uma das formas de se relacionar com o objeto, isto é, uma das escolhas objetais. Propõe o autor, então, a existência de uma fase

DO NARCISSISMO
À DEPENDÊNCIA

intermediária da evolução sexual entre o autoerotismo e o relacionamento com os objetos externos (homossexual e heterossexual). Dessa forma, a libido, posteriormente ao autoerotismo, investe-se no ego (denominado de narcisismo primário) desenvolvendo-o. Determinada às estruturas egoicas, passaríamos a destinar uma parte de nossa libido aos objetos externos, inicialmente em escolhas homossexuais e posteriormente em escolhas heterossexuais. Desse modo, a libido, como energia pulsional, originar-se-ia nas diversas zonas erógenas e armazenar-se-ia no ego, pois ele constituiu-se como objeto primordial. Assim, emanaria do reservatório do ego toda a energia para os objetos exteriores. É de importante ressalva nessa relação energética ego-objeto constatar que quanto mais um absorve energia, mais o outro fica empobrecido. Portanto, o narcisismo se caracterizaria inicialmente como uma etapa da evolução da libido e das relações objetais, para depois estruturar-se como uma estagnação da libido no ego, não ocorrendo nenhum investimento exterior. Podemos dizer, então, que:

> [...] o narcisismo primário designa um estado precoce em que a criança investe toda a sua libido em si mesma. O narcisismo secundário designa um retorno ao ego da libido retirada dos seus investimentos objetais (LAPLANCHE & PONTALIS, 2001, p. 290).

Concomitante às observações freudianas, haveria outra perspectiva da formação do *Eu*. Se seguirmos

Klein (*apud* ROSENFELD, 1988), a problemática se daria por um caminho distinto do da libido, ou seja, principiaríamos em uma posição em relação ao mundo caracterizada por ansiedades persecutórias. O *Eu* infante cinde-se para lidar com elas e, aos poucos, iria se integrando, formando os primeiros objetos integrados. Ascenderia a outra posição em relação ao mundo, no qual se gera outra forma de ansiedade de cunho depressivo. Portanto, dentro dessa perspectiva, Klein (*apud* ROSENFELD, 1988) observa que as primeiras ansiedades são desorganizadoras da personalidade e que as primeiras experiências humanas remetem à busca de organização do *Eu*. Nossas primeiras formações são psicóticas e, com isso, nossas primeiras defesas contra esse tipo de ansiedade se caracterizam por cisões do *Eu*, identificação projetiva, negação e onipotência. Percebemos que ambas as visões convergem para um ponto, a saber, que nas nossas primeiras relações com o mundo, buscamos estabelecer com ele nossa identidade.

Rosenfeld (1988), baseando-se no material teórico de Klein, revela a importância inicial dessa busca. Se, nesse ponto, nossa relação com o mundo não permitir a formação de nossa identidade, estaremos propensos ao congelamento do movimento identitário por manifestações esquizoides ou esquizofrênicas que se estabelecem a partir de ansiedades. Relaciona-se, assim, com experiências iniciais do nascimento, ou seja, "quando o bebê tem de abandonar o estado de proteção do útero da mãe" (p. 49). Portanto, ele correlaciona o mecanismo de cisão à estruturação da personalidade narcísica, mecanismos advindos da posição paranoide. Com relação à transferência, Rosenfeld (1988) difere de Freud sobre a questão no narcisismo, pois ele entende que há na estruturação narcísica esse vínculo, ou seja, os vínculos narcísicos "estabelecem transferências muitos fortes, se bem que diferentes das encontradas nos pacientes neuróticos" (p. 52). Seguindo o pensamento kleiniano, ele percebe que no vínculo narcisista há o estabelecimento de uma relação com seus objetos, relação essa repleta de fantasias, confundindo seu *Eu* psicótico e outras pessoas, colocando os outros dentro de si mesmo e colocando si mesmo dentro dos outros. Diz ele:

> Os pacientes psicóticos usam os outros (objetos) como recipientes nos quais, sentindo-se poderosos, eles projetam as partes de si mesmos que são consideradas indesejáveis ou que causam sofrimento ou ansiedade. Outro aspecto do processo é que o paciente se identifica (por projeção ou introjeção) com o objeto, a ponto de achar que ele é o objeto e o objeto é ele (ROSENFELD, 1988, p. 53).

Sendo assim, o tipo de relação narcisista neutralizaria qualquer possibilidade da frustração do objeto sobre o *Eu* e do surgimento de seus sentimentos invejosos e agressivos, pois "não se pode ser invejoso ou agressivo para com outrem do mesmo modo que não se pode amá-lo ou depender dele, se formamos uma só pessoa com ele" (p. 53). Estabelece-se, então, uma relação persecutória do *Eu* com o objeto, pois com a cisão do *Eu* em partes boas e más, e suas consequentes projeções, o vínculo narcísico acaba por identificar esses mesmos objetos com partes do *Eu* projetadas como ameaçadoras e perseguidoras, "a tal ponto que todo o *self* fica sob ameaça de invasão" (p. 55).

Rosenfeld (1988) relata, também, que muita da forma de relação objetal narcisista nasce no modo como se estabelece a relação de alimentação com a mãe. Na análise, ele observa o aparecimento de sentimentos invejosos, produzindo reações terapêuticas negativas durante o decorrer de quase todo o processo. Essas reações advêm como um mecanismo de defesa, evitando a relação objetal dependente, tal como a relação mãe-bebê. O autor ressalta que:

> Esses pacientes acham muito difícil suportar a dor da ambivalência normal, de modo que são lentos para aprender a aceitar tanto seu amor quanto sua inveja numa relação protetora que os ajuda a suportar a ansiedade depressiva e pouco a pouco leva a uma diminuição do poder da estrutura narcisista e da hipocondria. Mesmo em pacientes tratados com sucesso, como nesse caso, a melhora é muito gradativa e lenta, e é interrompida constantemente por reações terapêuticas negativas que tem de ser interpretadas com cuidado (ROSENFELD, 1988, p. 117).

DO NARCISISMO À DEPENDÊNCIA

O termo *reação terapêutica negativa* é um fator importante para a compreensão do narcisismo. O conceito nasce com Freud (*apud* ROSENFELD, 1988) quando ele observava o modo das crianças lidarem com as proibições antes de aderir a elas. As crianças repetem o ato proibido como forma de controle onipotente da mudança do comportamento. Não discordando da tese freudiana, Rosenfeld (1988) destaca, na gênese dessa reação, uma defesa contra sentimentos de agressão causados pela dependência, frustração e inveja, características do narcisismo, pois ele entende que essas defesas permitem o apoderamento pelo paciente das capacidades criativas do analista:

> *É por meio da identificação projetiva onipotente que o paciente se apodera da capacidade do analista e sente muito concretamente que está dentro dele e que é capaz de controlá-lo, de modo que toda a criatividade e compreensão do analista podem ser atribuídas ao ego do paciente* (ROSENFELD, 1988, p. 120).

Dessa forma, a reação terapêutica negativa vem destacar na origem do narcisismo a falta inicial de uma atmosfera de amparo e inclusão. Sendo assim, as fantasias onipotentes nascem no momento em que o indivíduo se sente fraco, pequeno e inábil para enfrentar a realidade, criando objetos capazes de satisfazer suas necessidades. Portanto, acrescida a análise do aspecto libidinal do narcisismo, há a supervalorização do *Eu*, desempenhando nele uma função capital, baseada principalmente na idealização do *Eu*. Essa idealização se sustenta por identificações projetivas e introjetivas onipotentes com objetos ideais (ROSENFELD, 1988). Tais indivíduos se sentem humilhados e derrotados pela constatação de que é o objeto externo que contém as características preciosas que eles haviam conferido às suas próprias faculdades criativas. Uma função elementar da personalidade narcisista foi encobrir qualquer consciência da cobiça e da destrutividade, e preservar a si próprio desses sentimentos.

O infante, ao nascer, necessita desenvolver estruturas para lidar com os impulsos e as ansiedades originárias das pulsões de vida e de morte, para isso ele precisa descobrir uma maneira de se relacionar com os objetos e de expressar seu amor e seu ódio. Rosenfeld (1988, p. 142-143) destaca que:

> Enquanto no desenvolvimento normal os impulsos instintivos vivenciados no âmbito das relações objetais são gradativamente reconhecidos e dirigidos para os objetos externos apropriados, nas situações patológicas, onde há uma grave difusão, uma organização narcisista destrutiva tende a se desenvolver. Essas formas de organização – geralmente onipotentes – exercem uma forte influência destrutiva de modo por vezes manifesto, mas, com mais frequência, oculto; são dirigidas contra a vida e destroem os elos entre os objetos e o self, atacando ou matando partes do self, mas também são destrutivas em relação a qualquer objeto bom, tentando depreciá-lo e eliminar sua importância.

DO NARCISISMO
À DEPENDÊNCIA

Aparentemente, a organização narcísica, também, enfrenta batalhas entre seus impulsos destrutivos e seus impulsos libidinais. Há a precaução e preocupação tanto do amor por seus objetos, quanto da tentativa de eliminar do seu *Eu*, sua parte amorosa. Sua identificação se dá quase inteiramente com a parte narcisista destrutiva que acomoda o sentimento de superioridade e de autoadmiração. Em alguns indivíduos, as partes narcisistas destrutivas do *Eu* permanecem atreladas a uma estrutura ou organização psicótica que é cindida do resto da personalidade, levando à perda de seu senso de realidade e de sua capacidade cognitiva. Existe também o perigo de que, segundo esses aspectos narcisistas, a personalidade seja avaliada como destrutiva, sendo imprescindível distinguir na análise os impulsos de vida dos impulsos de morte. Eles se contrastam quando as partes boas e más do *Eu* se fundem, havendo risco de que tantos objetos bons quantos maus se entrelacem de tal maneira que o *Eu* bom seja submetido e se perca provisoriamente nessa união. Isso tende a acontecer quando os elementos destrutivos do *Eu* prevalecem, ocorrendo, segundo Rosenfeld (1988), a fusão patológica.

Na fusão normal, os impulsos hostis do *Eu* são amortizados pelas partes libidinais do *Eu*, esse processo é categoricamente necessário para a vida, pois há a prevalência do amor necessário à saúde. Portanto, o autor supracitado destaca (p. 158):

As fusões normais são necessárias para a elaboração da posição depressiva, um processo que Melanie Klein considerava essencial para qualquer desenvolvimento normal. No entanto, para estabelecer fusões normais, é essencial revelar de maneira firme e clara, as misturas dos objetos bons e maus, com os aspectos bons e maus do self, *já que nada positivo ou sólido pode se desenvolver de misturas, e há perigo de que o resultado seja um* self *permanentemente fraco e frágil.*

Comumente, nos casos narcisistas patológicos, há uma intensa interação entre o bebê e a mãe, na qual por algum motivo a mãe sente um intenso fracasso. Isso muitas vezes produz não só ansiedade na mãe, mas também hostilidade no bebê, e aumenta qualquer insensibilidade que possa ter existido originalmente. Algo que deveria ter sido prazeroso e satisfatório, e que poderia ter sido a base de segurança e amor, produziu terror e sofrimento na criança.

Para analisar os desenlaces do narcisismo atual, propomos um retorno às origens conceituais da psicanálise sobre o tema, a fim de captarmos o fenômeno incoativamente, para, posteriormente, observarmos a estruturação do mal-estar social, o qual corrobora com a constituição das mais variadas cristalizações defensivas – perante essa angústia – que instauram formas de expressão humana geradas pelos mais diversos sofrimentos. Consequentemente, adotaremos a visão da toxicomania como paradigma da dependência e como manifestação privilegiada para compreendermos o funcionamento subjetivo contemporâneo.

DO NARCISISMO À DEPENDÊNCIA

Assim, o livro se organiza em capítulos que visam explicitar toda essa problemática. Os capítulos estão divididos em três partes. A primeira versa sobre o mal-estar constitutivo de nossa sociedade, pois o consideramos um elemento fundamental da constituição da modulação existencial, a qual fomentará as mais diversas expressões humanas. A segunda parte versa sobre um dos elementos expressivos humanos dentro desse mal-estar, a saber, o narcisismo, para o qual elegemos retornar às origens psicanalíticas, tanto freudiana quanto kleiniana. A terceira parte versa sobre o paradigma da dependência atual, a toxicomania, isto é, o elemento eleito como modelo do funcionamento humano contemporâneo. Ao final, realizamos um capítulo síntese sobre o que foi discutido por todo esse movimento reflexivo instituído neste livro.

PARTE I

CAPÍTULO 1
Ansiedades e angústias da repressão social

Iniciaremos esse livro refletindo sobre as questões sociais que envolvem as necessidades dos homens e seus sofrimentos, angústias e ansiedades perante as construções culturais. Na visão freudiana, a cultura representa e necessita impreterivelmente do recalque. Desse modo, é inevitável em qualquer cultura a existência do mal-estar devido a toda pulsionalidade represada. Se o mal-estar é condição *sine qua non* da sociedade, portanto, toda e qualquer modulação corporal precisa, para se estabelecer, constituir-se nessa condição. Dessa forma, utilizaremos este capítulo para compreendermos como a cultura se estabelece pelo viés freudiano, pois ela seria o pano de fundo a qualquer expressão humana. A cultura seria ao instituído, aquilo pelo qual se estabelece como motivo e instrumento expressivo.

Freud (1927) nos conta que a cultura humana representa todo o conhecimento e toda a capacidade

DO NARCISISMO À DEPENDÊNCIA

conquistada pelos homens para chegar a dominar as forças da natureza e, com isso, atender todas as suas indigências humanas. A cultura significaria, então, todos os mecanismos e organizações indispensáveis para regular as relações dos homens entre si e as distribuições dos bens naturais conquistados. À medida que todas essas conquistas humanas existem para a satisfação das pulsões, elas desempenham, assim, uma intensa influência sobre as relações dos homens – acrescentando que o próprio homem pode significar essa conquista da natureza para outro, em relação ao emprego de sua habilidade de trabalho ou lhe perpetrar como um objeto sexual. Apesar dessa condição cultural de controle da natureza, o indivíduo em si seria, potencialmente, um inimigo da civilização – apesar de lhe ser impossível viver no isolamento – pois experimenta como insuportável os sacrifícios que a cultura lhe confere para tornar plausível a existência em comum. Desse modo, a cultura necessita construir proteções contra o indivíduo, e essas proteções se fundamentam em todas as suas leis, organizações e instituições, as quais têm também, como objetivo, o de conservar existentes os domínios sobre a natureza e a produção de bens – visto que as criações humanas são facilmente destruídas, a ciência pode ser utilizada para sua própria destruição:

> *Experimentamos, assim, a impressão de que a civilização é algo que foi imposto por uma minoria a uma maioria contrária a ela, que supõe apoderar-se dos meios de poder e*

coerção. Logo, não é descabido supor que essas dificuldades não são inerentes à essência mesma da cultura, senão que dependem das imperfeições das formas de culturas desenvolvidas até agora (FREUD, 1927, p. 2962).

Enquanto, no campo do controle da natureza, a humanidade atingiu consecutivos avanços, e pode almejar ainda maiores, não se pode dizer de um progresso equivalente nas relações humanas, pois a produção de toda a civilização fundamentou-se na repressão e no desapego às pulsões. Há de se acrescentar, igualmente, o fato de que todos os homens cooptam disposições destruidoras, e que seus controles são bastante influentes na formação das condutas na sociedade:

> *Em princípio, podemos crer que sua função essencial (cultura) era o domínio da Natureza à conquista dos bens vitais, e que os perigos que a ameaçam poderiam ser evitados por meio de uma adequada distribuição de ditos bens entre os homens. Mas, agora, vemos deslocado o nódulo da questão, desde o material ao anímico. O decisivo seria sobre se é possível diminuir, e em que medida, os sacrifícios impostos aos homens em relação à renúncia à satisfação de seus impulsos, conciliá-los com aqueles que constituem, sendo necessário, compensá-los por isso* (FREUD, 1927, p. 2962-2963).

Segundo Freud (1927, p. 2963) isso se deve ao fato de que:

> *O domínio da massa por uma maioria seguirá demonstrando-se sempre tão imprescindível como a imposição*

DO NARCISISMO
À DEPENDÊNCIA

coercitiva do trabalho cultural, pois as massas são preguiçosas e ignorantes, não admitem de bom grado a renúncia dos impulsos, sendo inútil argumentar para lhes convencer do inevitável de tal renúncia, e os indivíduos se apoiam, uns aos outros, na tolerância de seus impedimentos.

O fato de que só perante determinada repressão podem se conservar as instituições culturais seria devido, segundo o autor, a duas circunstâncias: a falta de amor ao trabalho e a impotência dos argumentos contra as paixões. A conclusão de que toda a cultura assenta-se na ordem repreensiva do trabalho e no desapego das paixões atentou a aversão dos quais incidem tais cobranças, nos demonstra confessadamente que os bens, os meios para sua conquista e as disposições para sua distribuição não devem ser o objetivo único e nem o essencial, visto que se encontram ameaçados pela obstinação dos impulsos destrutivos dos homens. Frente a tudo isso se situam os meios necessários para proteger a cultura, ou seja, a repressão e os mecanismos harmonizadores dos homens com ela, entre eles a droga, que busca compensar os seus sacrifícios. Freud (1927, p. 2964) aponta que um dos progressos da cultura é a modificação da repressão social em repressão individual pela atuação de uma específica instância psíquica do homem; o *Supereu*, que vai afluir à repressão social entre seus preceitos.

Em toda criança conseguimos notar o processo dessa modificação, que é o que o transforma em um ser moral e social. Esse desenvolvimento do *Supereu*³ é um dos fatores culturais mais valiosos, pois:

> aqueles indivíduos, nos quais tiveram efeito, cessam de ser adversários da civilização e se convertem em seus mais firmes substratos. Quanto maior seja seu número em um setor cultural, mais seguro se achará.

Porém, quando uma civilização não consegue impedir que as satisfações de um certo número de seus ativistas se contenha com o princípio da opressão de outros, é compreensível que os oprimidos desenvolvam uma intensa hostilidade contra a civilização que eles mesmos escoraram com seu trabalho, mas da qual não participam de seus lucros. Nesse caso não se pode esperar, por parte dos oprimidos, uma assimilação das proibições culturais, pois se negaram a reconhecê-la e tentam destruí-la. Frente a essa conduta destrutiva, a sociedade fabrica ideais como resposta às insatisfações das classes oprimidas no intuito de controlá-las, que segundo Freud (1927, p. 2966):

> A princípio parece que esses ideais são os que determinaram e determinam os rendimentos da civilização correspondente, mas [...] ficam forjados como uma sequela dos primeiros rendimentos obtidos pela ação conjunta dos dotes intrínsecos de uma civilização e as circunstâncias externas, e esses primeiros rendimentos são retidos já pelo ideal a ser construído.

---

3 Veremos em um próximo capítulo.

DO NARCISISMO
À DEPENDÊNCIA

    Assim, as satisfações que o ideal propõe aos integrantes de uma civilização são de caráter narcisista e os confortam com o orgulho do lucro obtido. Entretanto, não há uma conformidade nos ideais culturais, que acabam por se transformarem em pretexto de desavenças e oposições entre vários setores de diferentes civilizações. No entanto, todos os ideais propõem uma satisfação narcisista, extraída do ideal cultural, que seria um dos poderes que com maior êxito atuam contra a hostilidade adversa. Não só as classes favorecidas gozam os "benefícios" dessa não agressão, mas também as oprimidas, não havendo hostilidade para se dirigir contra a sociedade. Haveria, igualmente, uma conformação das classes oprimidas, pois a idealização visa estabelecer uma identificação deles com a classe que os oprime e explora; os oprimidos podem se sentir afetivamente ligados aos opressores e ver neles o seu ideal.

    Extinta a cultura, o que permaneceria é a condição natural muito mais difícil de o homem suportar. A função capital da sociedade seria, então, de nos defender da natureza, pois sem ela ficaríamos diante de nossas debilidades e fragilidades, as quais pretendíamos escapar por meio da construção social. A contradição estabelecer-se-ia devido à essência própria da humanidade, pois ela foi criada para nos defender da natureza, mas, ao mesmo tempo, ela seria, para a existência do indivíduo, árdua demais para se suportar, visto que essa mesma civilização que compartilhamos nos confere determinadas privações, nas quais nos impõe angústias e ansiedades. O círculo vicioso estabelecer-se-ia porque essa circunstância cultural desencadearia no homem um grave prejuízo ao seu narcisismo, que desencadearia obstinações proporcionais às repressões impostas pelas instituições. Desse modo, certo grau de hostilidade se destinaria contra a cultura. A civilização adota, por sua vez e a seu encargo, função defensora e a desempenha "por todos e para todos em igual forma", esse ato de duplo sentido se daria, segundo Freud (1927, p. 2968):

> [...] *o homem, gravemente ameaçado, demanda consolo, pede que o mundo e a vida fiquem livres de espantos; mas, ao mesmo tempo, sua ânsia de saber, impulsionada, desde logo, por decisivos interesses práticos, exige uma resposta [...] consiste em humanizar a Natureza.*

Esse medo perante a Natureza, que assola a vida de todos os homens, findaria por vinculá-los a uma sociedade que o tolhe e o coíbe de atentar contra seus semelhantes e resguarda a ela o direito de julgar quem desobedecer esse mandato. A pena estabelecida pela coletividade passou, então, a ser os meios da justiça.

Haveria em Freud (1927, p. 2985) a tendência de equiparar o funcionamento psicológico coletivo ao individual.[4] Portanto, ele entenderia que a cultura

---

4 MEZAN, R. *Freud o pensador da cultura*. 7ª ed. São Paulo: Companhia das Letras, 2006.

DO NARCISISMO À DEPENDÊNCIA

atual se estabeleceu de forma análoga às neuroses individuais, isto é, ela fez os indivíduos, por meio de processos afetivos, renunciarem às pulsões que seriam indispensáveis à vida social em prol de uma suposta proteção. Os resíduos desses processos, análogos ao recalque, se desenvolveram em épocas primitivas, permanecendo logo aderidos à civilização durante muito tempo e, por exemplo: "A religião seria a neurose obsessiva da coletividade humana, e o mesmo que a da criança provêm do complexo de Édipo na relação com o pai". Assim, Freud (1927) estabeleceria uma correlação direta entre o desenvolvimento cultural e o individual, pois ele entenderia que ambos seguem as mesmas leis psicológicas e, portanto, podemos compreendê-los um pelo o outro. Dessa forma, passamos a compreender a instalação da cultura partindo do prisma da constituição da subjetividade. Veríamos que, originalmente, o *Eu* abrange todo o mundo a si, e, por conseguinte, vai desatando de si o mundo exterior. A identidade não seria mais que um resquício acanhado de um anseio mais extenso que satisfaz uma comunhão mais íntima entre o *Eu* e o mundo circundante. Portanto, essa identidade primária subsiste na vida anímica de muitos homens. Freud (1930) compreenderia, portanto, que a criação da civilização é revivida por toda criança em seu processo de constituição subjetiva, tal como a civilização, todo e qualquer indivíduo iniciar-se-ia por sua indiferenciação com a natureza originária e rumaria para a experiência da identidade do adulto, cujas fronteiras são bem mais precisas e restringidas. Os resquícios da natureza infantil no homem adulto manifestar-se--iam por contentos ideativos correspondentes que seriam justamente a busca de sensações de indiferenciação com a natureza e/ou de comunhão com Deus. Tanto no desenvolvimento psíquico quanto no social, haveria a permanência do primitivo junto ao "desenvolvido" a quem deu procedência. Esses acontecimentos seriam tão frequentes que estruturam em nossa humanidade uma bifurcação do processo; uma parte do investimento pulsional se subtraiu a toda alteração, enquanto o resto prosseguiria o caminho do desenvolvimento progressivo:

> *[...] na vida psíquica nada uma vez formado pode jamais desaparecer; tudo se conserva de alguma maneira e pode voltar a surgir em circunstâncias favoráveis, [...] o passado pode subsistir na vida psíquica que não está necessariamente condenada à destruição [...] na vida psíquica, a conservação do passado é a regra, melhor que uma curiosa exceção* (FREUD, 1930, p. 3020-3022).

Freud (1930, p. 3024) nos relataria o fato de que a vida, como nos foi conferida, nos impeliria a muitas angústias e nos encontraríamos com ardentes sofrimentos e decepções. Para tolerá-las, carecemos de alguns objetos que nos ofereçam sustentação, e para isso existem três formas: "distrações poderosas, que fazem parecer pequenas nossas misérias; satisfações

DO NARCISISMO
À DEPENDÊNCIA

substitutivas que as reduzem; narcóticos que nos tomam insensíveis a ela". Os homens aspiram à felicidade, algo que a vida não nos dispõe tão facilmente. Essa aspiração, segundo Freud (1930, p. 3024), teria dois caminhos para percorrer, mas somente um levaria ao homem àquilo que tanto ambiciona, seria:

> *Um fim positivo e outro negativo; por um lado, evitar a dor e o desprazer; e pelo outro, experimentar intensas sensações prazerosas. Em sentido estrito, o termo "felicidade" só se aplica ao segundo fim.*

O que se denominaria felicidade adviria da satisfação de necessidades acumuladas que impetraram em elevado conflito com a sociedade, essas satisfações só poderiam ocorrer episodicamente. Toda a predominância de uma ocorrência ligada ao princípio do prazer só proporciona uma sensação de bem-estar, sendo assim, a felicidade encontrar-se-ia restringida a um princípio submerso no inconsciente.

Em troca, não nos seria tão complicado provar o doce veneno da angústia e da ansiedade, portanto, o sofrimento nos intimidaria, segundo Freud (1930, p. 3025), de três formas:

> *Desde o próprio corpo que, condenado à decadência e à aniquilação, nem sequer podem prescindir dos signos de alarme, que representa a dor e a angústia; do mundo exterior, capaz de enraivecer-se em nós com forças destrutivas onipotentes e implacáveis; por fim, das relações com outros seres humanos.*

Contra o terrível mundo exterior, o sujeito só poderia se defender de modo radical, ou seja, adotar ao isolamento como prática (psicose), ou atacar a natureza e domá-la à aspiração humana, transformando-a como um componente da sociedade, utilizando os procedimentos desenvolvidos pela ciência. Freud (1930, p. 3026) destaca a existência de uma forma muito utilizada em nossa sociedade ocidental de se resguardar do sofrimento. O ocidental seria aquele que se aventura em influenciar o próprio organismo contra o sofrimento, pois ele entenderia que, em última instância, todo sofrimento não seria mais que uma sensação, e só existiria como sentimento. Todo sentimento só é sentido por determinadas disposições de nosso organismo. Dessa forma, o mais cruel e efetivo método destinado a suprimir o sofrimento, seria o químico:

> *Se atribuem tal caráter benéfico à ação dos narcóticos na luta pela felicidade e na prevenção da miséria, que tanto os indivíduos como os povos os reservaram um lugar permanente em sua economia libidinal. Não só os deve o prazer imediato, senão, também, uma ansiada medida de independência frente ao mundo exterior. Os homens sabem que com esse "remover sanções" sempre poderão escapar do peso da realidade, refugiando-se em um mundo próprio que ofereça melhores condições para sua sensibilidade. Também se sabe que é precisamente essa qualidade dos narcóticos a que acarreta seu perigo e sua nocividade.*

A satisfação das pulsões se transformaria no motivo pelo qual se absorveria o sofrimento, justamente

DO NARCISISMO
À DEPENDÊNCIA

porque satisfazê-las provoca a felicidade e o mundo exterior, no mais das vezes, nos priva e, assim, recusa-nos a satisfação de nossas necessidades. Freud (1930) propõe que, somente quando o indivíduo submeter suas pulsões primitivas aos processos imperativos do princípio da realidade, poderá constituir uma satisfação das pulsões condizentes com a sociedade. Aquelas pulsões que não se submetem e que não encontram caminhos à satisfação, teriam que ser destinadas ao processo de sublimação.

A sublimação das pulsões se estabeleceria como um elemento cultural sobressalente pois, graças a ela, as atividades psíquicas superiores podem desempenhar um papel muito importante na vida dos homens. Porém o ponto fraco desse método reside no fato de que não se pode oferecer uma proteção completa do sofrimento, visto que é dele que se emana a energia necessária para o processo de criação. A eleição do caminho para buscar a felicidade, assim, seria influenciada pelos mais diversos fatores. Tudo dependeria da satisfação real que se pode esperar do mundo exterior e de quão independente dele se está para utilizá-lo ou modificá-lo.

Quando falamos, especificamente, em modificar o mundo, haverá sempre o papel determinante da constituição psíquica do indivíduo mais as circunstâncias exteriores. Dessa forma, Freud (1930, p. 3031) entenderia que a dificuldade de sermos felizes se daria devido a três fontes fundamentais do

sofrimento humano frente à modificação do mundo,
a saber:

> *A supremacia da Natureza, a expiração de nosso corpo e
> a insuficiência de nossos métodos para regular as relações
> humanas na família, no Estado e na sociedade.*

O autor (1930, p. 3031) nota que perante a primeira fonte nos vemos forçados a reconhecer e a submetermos diante do infalível, porque nunca elevaremos o nosso domínio a ponto de submeter a natureza aos nossos desejos. Já o nosso organismo sempre padecerá, com sua limitada capacidade de adaptação e rendimento. Com relação às nossas instituições sociais, que nós mesmos criamos, não conseguem propiciar proteção desejada e nem o bem-estar para todos:

> *No entanto, se considerarmos quão péssimos resultados
> obtivemos precisamente nesse setor de prevenção contra o
> sofrimento, começaremos a suspeitar que também aqui
> poderíamos esconder uma porção da indomável natureza,
> tratando-se dessa vez de nossa própria constituição psíquica.*

No andamento das últimas gerações, a humanidade alcançou importantes avanços nas ciências naturais e em seu aproveitamento técnico, expandindo espantosamente seu domínio sobre a natureza. O homem se orgulha de tais aquisições, a tal ponto que busca por essa única explicação do mundo: o modo de ser feliz. Diante desse quadro, Freud (1930, p. 3032) deduziria

DO NARCISISMO
À DEPENDÊNCIA

que esse o domínio sobre a natureza não é a exclusiva condição da felicidade humana, e que tais avanços são improfícuos para a capitalização de nossa felicidade. Freud lança a seguinte metáfora para explicitar nossa condição atual:

> *A esses benefícios, tão criticados, progressos científicos e técnicos, ainda se poderia agregar uma longa série –, mas aqui se faz ouvir a voz da crítica pessimista, advertindo--nos de que a maior parte dessas satisfações seria como essa "diversão gratuita" elogiada em certa anedota: não há mais que tirar uma perna despida debaixo da manta, em noite fria de inverno, para depois poder procurar o prazer de voltar a cobri-la. Sem o trem que supera a distância, nossos filhos jamais haveriam de abandonar a cidade natal, e não precisaríamos do telefone para poder escutar sua voz. Sem a navegação transatlântica, o amigo não haveria empreendido sua longa viagem, e já não me faria falta o telégrafo para me tranquilizar sobre sua sorte.*

Portanto, os ditos avanços culturais, não seriam referente à felicidade humana. Elas continuariam mantendo nossa frustração cultural e as ampliariam ao extenso domínio das relações sociais entre os homens, podendo se estabelecer, precisamente, como um motivo pelo qual dirigimos nossa hostilidade contra a cultura.

Se focarmos um pouco no cerne da estrutura da sociedade, isto é, na instituição familiar, veremos que os impulsos amorosos da criança por ela seguem exercendo suas influências na cultura, tanto em sua forma primitiva como em suas transformações, como o carinho, por exemplo. O destino do amor genital na sociedade seria o impulso à constituição de novas famílias ou às manifestações de carinho e de amizade. A dificuldade da civilização seria, visto que não se satisfaz com os vínculos de união idealizados até agora, a de atrelar mutuamente os membros da comunidade com os laços libidinais. Ela visa a tal fim a qualquer custo, beneficia qualquer caminho que possa induzir a constituição forte das identificações, transforma toda a libido dos homens em carinho para fortalecer as conexões da comunidade mediante os laços amistosos. Entretanto, seu maior desafio seria lidar com as disposições libidinais agressivas do homem, pois, para o ser humano, o próximo não significa exclusivamente um provável cooperador e/ou objeto sexual, mas, também, um ensejo do desejo para satisfazer nele sua agressividade.

Freud (1930), ao focar na existência de tais tendências agressivas, entenderia que não seria aceitável apreendermos em nós mesmos tais hostilidades e, portanto, atribuímos ao próximo. Esse fator seria o que desarmoniza nossas relações com os semelhantes. Restaria à cultura a concepção de preceitos reguladores, pois, frente a essa hostilidade primordial entre os homens, ela observa um risco à sua integração. Por exemplo, o empenho que ela proporciona a comunidade pelo trabalho não satisfaz e não mantém a harmonia, pois as pulsões são mais influentes nos

DO NARCISISMO À DEPENDÊNCIA

homens que os interesses "racionais". A civilização se percebe compelida a impor, por meio de diversos esforços, fronteira às tendências agressivas do homem, reprimindo suas manifestações. A cultura, na esperança de poder impedir as piores manifestações da força bruta, outorga a si mesma o direito de desempenhar força proporcional aos "criminosos", entretanto, essa lei não impetra as manifestações mais atinadas e perspicazes da agressividade humana:

> Em um momento determinado, todos chegamos a abandonar, como ilusões, quantas esperanças juvenis e havíamos posto elas no próximo; todos sofreram a experiência de comprovar como a maldade desse nos amargura e dificulta a vida. Entretanto, seria injusto censurar a cultura quem pretenda excluir a luta e a competência das atividades humanas. Esses fatores seguramente são imprescindíveis; mas a rivalidade não significa necessariamente hostilidade: só se busca dela para justificar essa (FREUD, 1930, p. 3046).

Evidentemente, o homem não se desfaz tão facilmente das satisfações dessas tendências agressivas. Frente a essa dificuldade, a civilização lhe apresenta um caminho bem particular, ou seja, a possibilidade de satisfazer esses impulsos nos seres que ficaram excluídos dela. Sempre poderá se vincular amorosamente entre os seres, desde que haja uma condição: a de que sobrem homens aos quais se descarreguem toda a sua hostilidade.

Para Freud (1930) seria pelo fato de a civilização conferir sacrifícios angustiantes, não só à sexualidade, mas também às tendências agressivas, o fenômeno de ser ao homem tão penoso conseguir nela a sua felicidade. A pulsão de morte teria que estar completamente submissa aos serviços de Eros para que o ser vivo destruísse algo exterior em lugar de se destruir. Ao interromper a agressão contra o exterior, haverá acrescentado força à autodestruição, processo que opera invariavelmente. Entretanto, ambas as classes de pulsões dificilmente aparecem separadas entre si, normalmente se amalgamam em proporções distintas e muito variáveis, tornando-se de tal modo irreconhecíveis para nós em sua forma bruta:

> Cabe confessar que nos é muito mais difícil captar esse último (impulso de morte) e que, de certa maneira, unicamente o conjecturamos com uma espécie de resíduo ou restante oculto atrás de Eros, subtraindo-se a nossa observação toda vez que não se manifesta na amálgama com o mesmo (FREUD, 1930, p. 3052).

A tendência agressiva seria, segundo Freud (1930), uma disposição instintiva inata e autônoma do ser humano. A cultura seria um processo criado pelos homens e que se desenvolve sobre a humanidade. Trata de um processo gerido por Eros, dedicado a sintetizar em uma única unidade todos os indivíduos. As formações sociais humanas foram, necessariamente, vinculadas libidinalmente, visando propor

DO NARCISISMO
À DEPENDÊNCIA

vantagens à comunidade pelo trabalho, acreditando bastar para sustentar a civilização unida. Prontamente as pulsões humanas agressivas e hostis se opõem a esse objetivo da sociedade. Esses impulsos seriam os descendentes e principais emissários da pulsão de morte, e que visam em comum à destruição dos objetos do mundo:

> [...] *a luta entre Eros e morte, impulso de vida e de destruição, como se leva a cabo na espécie humana. Essa luta é, em suma, o conteúdo essencial da mesma, e por isso a evolução cultural pode ser definida brevemente como a luta da espécie humana pela vida* (FREUD, 1930, p. 3053).

A cultura, para se defender dessa destrutividade, impõe ao ser humano que a introjete e internalize. Ela seria conduzida contra o próprio *Eu*, transformando uma parte deste em *Supereu,* que se contrapõe ao próprio com o emprego da *consciência moral*. O *Supereu* inflige ao *Eu* a mesma agressividade, agora reprimida, que o *Eu* haveria projetado. A tensão gerada entre o austero *Supereu* e o *Eu* submisso manifestar-se-ia pelo *sentimento de culpabilidade*, expresso na configuração da indigência do castigo. Desse modo, a civilização reprimiria o impulso agressivo do homem, consumindo a este, desarmando-o e submetendo-o à vigilância 24h de si próprio por uma instância criada identificatoriamente por ele mesmo.

Freud (1930) rejeitaria, assim, a existência de um discernimento entre o bem e o mal no homem, pois, muitas vezes, o que seria dito como mau nem sequer é nocivo ou perigoso ao *Eu*, pelo contrário, seria algo que, muitas vezes, seria desejado e que lhe proporcionaria prazer. Manifestar-se-ia, então, uma influência externa destinada a constituir o que se deve ponderar como bom ou mau, construção a qual o homem não foi impelido pela sua própria sensibilidade a tal. Essa construção iniciaria, para o autor, no *medo da perda do amor* dos pais pelas crianças, ou seja, o processo iniciaria quando no homem manifestasse o medo de perder o amor do próximo – de quem depende –, temendo ficar sem seu amparo frente a muitos perigos mais poderosos que ele. Dessa forma o mal seria, originalmente, tudo aquilo que levasse à perda do amor, inscrevendo o mal na criança como tudo aquilo que, ao cometê-lo, manifestasse esse medo pela perda. Por isso, para Freud (1930), não importaria se realmente fizemos o mal ou se só nos propusermos a fazê-lo, em ambos os casos só aparecerá o perigo quando uma autoridade a descobre. Pois, nessa altura, o sentimento de culpabilidade não é mais que um receio em consequência da perda do amor, o qual o autor denominou de *angústia social*.

O resultado final dessa construção no adulto seria a internalização dessa autoridade na forma do *Supereu*, com isso o julgamento das ações do adulto seria elevado a um novo nível; da *consciência moral* e do *sentimento de culpabilidade*. Nesse momento, haveria a diminuição do temor de ser descoberto e a

DO NARCISSISMO
À DEPENDÊNCIA

diferenciação entre o fazer e o querer o mal, porque nada se oculta à vigilância do *Supereu*:

> *É certo que desapareceu a gravidade real da situação, pois a nova autoridade, o* supereu, *não tem a nosso juízo motivo algum para maltratar o eu, com o qual está intimamente fundindo. Mas, a influência de sua gênese, que faz perdurar o passado e o superado, se manifesta pelo fato de que no fundo tudo fica como a princípio. O* supereu *tortura o pecaminoso eu com as mesmas sensações de angústia e está à espreita de oportunidade para castigá-lo pelo mundo exterior* (FREUD, 1930, p. 3055).

O sentimento de culpabilidade se caracterizaria, então, por dois caminhos: o primeiro estaria no medo da autoridade, que obriga a renunciar à satisfação das pulsões; e o segundo, a consequente internalização, relacionar-se-ia ao temor frente ao *Supereu* e ao castigo imposto, visto que não seria possível ocultar nada, nem as persistências dos desejos proibidos. Portanto, inicialmente na vida infantil, abdicar-se-ia das pulsões em decorrência do receio à autoridade externa; se abandonava à satisfação para não perder o amor desta. Uma vez desempenhada essa renúncia, a princípio, se extinguiriam as contas com dita autoridade e já não haveria motivo para se ter sentimento de culpa. No entanto, no *Supereu* não se procede da mesma forma, pois, para ele, não adianta apenas abdicar às satisfações pulsionais. Os desejos proibidos correspondentes prosseguem na vida anímica do sujeito e não podem ser encobertos diante do olhar vigilante do *Supereu*, que logo não consentirá com a extinção do sentimento de culpa. O abandono já não tem o mesmo efeito, não há a gratificação com a garantia da permanência do amor e o indivíduo transformou seu medo exterior em penitências interiores. Como disse Freud (1930, p. 3057):

> *A consciência moral é a consequência da renúncia do impulso, ou melhor, a renúncia do impulso cria a consciência moral, que na sua vez exige novas renúncias impulsionais.*

Dado que a cultura visa satisfazer as pulsões eróticas com o intuito de atrelar todos os homens em uma massa profundamente amalgamada, ela só alcançará esse objetivo mediante a uma estável e progressiva acentuação do sentimento de culpa. O processo que se iniciou na relação com o pai termina na transferência em relação às massas. Se a civilização é a via que induz a família à humanidade, então, o resultado do conflito de ambivalência do amor e da morte está conectado diretamente com a exaltação do sentimento de culpa pela sociedade, esse talvez alcance um grau tão alto que dificilmente será tolerável pelo indivíduo. Sendo assim, o preço que o homem paga pelo progresso da cultura se dá no detrimento da felicidade pelo avanço do sentimento de culpa. Ele conservar-se-ia totalmente inconsciente, sem que suas implicações sejam, por isso, menos dolorosas. Devido a isso, a

DO NARCISISMO
À DEPENDÊNCIA

culpa produzida pela cultura não se apreende como tal, a não ser como angústia e ansiedade que se arroga a outras motivações. As religiões nunca abandonariam o conforto do controle do sentimento de culpa para a civilização, designando-a como pecado e ambicionando libertar dele todos os homens. Freud (1930, p. 3063) estabeleceria a consequente hipótese acerca da formação da culpa:

> *Quando um impulso é reprimido, seus elementos libidinais se convertem em sintomas e seus componentes agressivos em sentimentos de culpa.*

A evolução do indivíduo dentro da sociedade seria esteada com fim principal: as realizações do princípio do prazer, ou seja, o cumprimento da felicidade. Porém, com a sua inclusão em uma comunidade humana ou com sua adaptação, a cultura visa eliminar esse fim. A cultura teria como finalidade constituir uma unidade composta por seres humanos, enquanto a felicidade individual, ainda que sobreviva, é desarticular e posta em segundo plano:

> *Mas essa luta entre indivíduo e sociedade não é filha do antagonismo, talvez inconciliável, entre os protoimpulsos, entre Eros e Morte, senão que responde a um conflito na própria economia da libido, conflito comparável à disputa pela partilha da libido entre o eu e os objetos. Não obstante, as penúrias que atualmente impõem à existência do indivíduo, a concorrência pode chegar nesse a um equilíbrio*

definitivo que, segundo esperamos, também alcançará, no futuro, a cultura (p. 3065).

Devido a esse antagonismo proeminente entre a cultura e o indivíduo, Freud (1930) compreenderia mais uma das funções do *Supereu*, dando-lhe um caráter *cultural*, que organizaria ideais sociais e arquitetaria suas normas. Entre elas, a principal seria normatizar as relações entre os homens, compreendida pelo ideal da ética:

> *Em todas as épocas se deu o maior valor a esses sistemas éticos, como se precisamente eles fossem enchê-las de máximas esperanças. Em efeito, a ética aborda aquele ponto que é fácil reconhecer como o mais venerável de toda cultura. Por conseguinte, deve ser concebido como uma tentativa terapêutica, como um ensaio destinado a obter mediante um imperativo do* supereu *o que antes não pôde alcançar o restante do trabalho cultural* (p. 3065).

Portanto, Freud (1930) apontaria que a maior incidência social sobre o indivíduo seria a de suprimir o maior entrave com que ela se defronta, a saber, a disposição dos homens a agredir eles mesmos.

Freud (1933) ao remontar às origens da civilização, entenderia – diferentemente de hoje –, que direito e força são adversos, na semelhança entre os dois, visto que o primeiro surgiria do segundo. Em princípio, os conflitos de interesses entre os homens eram decididos pelo uso da força, como em todo o reino animal. Porém, no desenrolar do desenvolvimento social, ao

DO NARCISISMO
À DEPENDÊNCIA

ser humano se soma outro tipo de conflito, como o de opinião e ideias que pairam no terreno das abstrações e que necessitam outros tipos, amiúde, de solução. Inicialmente, ao que Freud (1933, p. 3208) denominou de "pequena horda humana" a maior força muscular que decidia a quem devia pertencer alguma coisa ou vontade de algo, com o passar do tempo a força muscular foi robustecida e suprimida pelo emprego das ferramentas. Dominaria aquele que possuísse as melhores ou aquele que soubesse melhor empregar as ferramentas, com, por exemplo, o uso das armas. A superioridade intelectual para as criar começa a ocupar o lugar da força muscular, porém o objetivo continuaria o mesmo:

> Pelo dano que se inflige ou pela aniquilação de suas forças, uma das partes contidas tem de ser obrigada a abandonar suas pretensões ou sua oposição. Esse objetivo se alcança de forma mais completa quando a força do inimigo fica definitivamente eliminada, ou melhor, quando o mata. Tal resultado oferece a dupla vantagem de que o inimigo não pode iniciar de novo sua oposição e de que o destino sofrido por ele serve como lição, desanimando os outros que pretendam seguir seu exemplo. Finalmente, a morte do inimigo satisfaz uma tendência impulsiva.

Em algum momento, o desígnio assassino se transforma na estimativa de que, mantendo a vida do inimigo, se poderia aproveitá-lo para desempenhar serviços úteis. Contudo, para que o inimigo se mantivesse como escravo, era imprescindível mantê-lo temeroso. Consequentemente, a força muda de enfoque, em lugar de matar se restringe a reprimir. Esta seria, segundo Freud (1933), a origem do respeito pela vida do inimigo, ou seja, um interesse escravocrata. Entretanto, desde esse momento, o vitorioso teve que considerar os desejos de vingança que resguardam os reprimidos, de tal modo que se perdeu uma parte de sua própria segurança, criando regras ou instituições para defendê-los. Desencadeou-se, assim, uma mudança crucial, passou-se a reconhecer que a força individual não era apta a sustentar o poder contra a união dos demais, sendo assim, a violência individual foi modificada pela união.

O poder dos unidos representa, hoje, o direito em oposição à força de um só. Vemos, então, que o direito seria o poder de uma comunidade. Continua sendo uma força preparada a se conduzir contra qualquer indivíduo que resista. Persegue os mesmos métodos da violência individual, recorre aos mesmos fins, à mudança, só que não compete mais ao indivíduo, senão a um grupo deles. Segundo Freud (1933, p. 3209), para que esse processo se efetive, é necessário que se cumpra uma condição psicológica fundamental: a comunidade tem de ser permanente e duradoura, caso contrário, cairíamos na barbárie:

deve se conservar permanentemente; deve se organizar, criar preceitos que evitem as temidas insubordinações;

DO NARCISISMO
À DEPENDÊNCIA

deve designar organismos que vigiem o comprimento dos preceitos e tem que tomar a sua função na execução.

Quando os componentes de um grupo humano adotam essa comunidade, nascem entre eles vínculos afetivos, sentimentos e ideais que constituem o verdadeiro fundamento de sua união. A lei dessa associação decidiria, então, em que medida cada um de seus membros teria que ceder sua liberdade pessoal e ceder de desempenhar violentamente sua força, tudo para que seja aceitável uma vida em comum. Entretanto, como vemos nos acontecimentos históricos, essa conjuntura pacífica só é concebível teoricamente. A realidade nos mostraria que a comunidade está constituída por pessoas de poderes desiguais, o direito se contorna em um procedimento de desigual repartição do poder entre eles. As leis seriam elaboradas por e para os influentes, e outorgarão insignificantes os direitos aos dominados.

Freud (1933) sintetizaria o funcionamento psicológico da civilização em dois fatores: o domínio da violência e os laços afetivos que unem seus membros. Com relação ao último fator, ele entenderia que, quando se constituem extraordinários círculos em comum entre os homens, formam-se sentimentos e identificações, e seria sobre elas que se construiria, em grande parte, o esqueleto da sociedade. O fato de que os homens se dividem em dominadores e dominados seria o que expressa sua desigualdade. Os submissos comporiam a gigantesca maioria que seguiria uma autoridade que tome por eles as decisões, às quais em geral se submetem incondicionalmente. Freud (1933, p. 3214-3215) concluiria que:

> [...] *desde os tempos imemoriais se desenvolve na humanidade o processo da evolução cultural. A esse processo lhe devemos o melhor que alcançamos, e, também, boa parte do que ocasionam nossos sofrimentos. Suas causas e suas origens são incertas; sua solução duvidosa; algumas de suas características facilmente apreciáveis. Talvez leve à desaparição da espécie humana, pois inibe a função sexual em mais de um sentido.*

PARTE II

CAPÍTULO 2
Freud e o narcisismo

Ao iniciar seus estudos, Freud (1914) batiza o narcisismo como uma perversão que concentra toda a vida sexual do indivíduo, ressaltando que essas pessoas enfermas demonstram duas características principais: o delírio de grandeza e a falta de todo interesse pelo mundo exterior. O narcisismo define-se, então, como um estado de introversão da libido, já que alude ao fato de o *Eu* ter abrigado em si toda a libido direcionada para as pessoas e para as coisas do mundo exterior, sem substituí-las por outras em sua fantasia. No entanto, à medida que o autor se dedica ao tema, ele vai diferenciando e precisando melhor suas considerações.

Em uma segunda elaboração sobre o assunto, Freud já diferencia dois tipos de narcisismo: o primário e o secundário (perversão). Este se daria quando a libido se retira do mundo exterior para se aportar no *Eu*, desse modo, ele nasceria quando o *Eu* arrastasse para si as *catexias* objetais. Esse narcisismo secundário se

DO NARCISISMO À DEPENDÊNCIA

sobreporia ao primário (relação mãe-bebê), encoberto por diversas influências. Portanto, percebemos que em certo momento de nossas vidas, as cargas libidinosas primitivas do *Eu* se destinam a carregar os objetos. Essas emanações da libido são suscetíveis de serem apartadas dos objetos ou retraída deles. No quadro das formulações pulsionais freudianas, nós o encontramos no momento da oposição entre a libido do *Eu* e a libido objetal. Quanto maior for o investimento em um deles, menor ou mais pobre será o outro. Para o autor, o paradigma do investimento da libido objetal encontra-se no processo do "apaixonamento", o qual, em casos extremos, apresenta-se como uma dissolução da própria identidade em favor da carga de objeto. No trabalho de 1914 compreendemos, assim, que a libido inicia-se investida no ego (denominado como narcisismo primário) e, posteriormente, uma parte dessa libido é destinada para objetos externos. Se, nessa posterioridade, a libido objetal é retirada e reinvestida no ego constitui-se o narcisismo secundário.

Já para compreendermos a perspectiva freudiana do narcisismo primário, precisamos compreender melhor suas formulações energéticas expostas acima. Desse modo, constatamos que anterior à conceituação do narcisismo, o autor concebia a dualidade em pulsões de autoconservação e pulsões sexuais. E, ao se deter exclusivamente nos problemas das pulsões sexuais no narcisismo, ele percebe que para o *Eu* do indivíduo existir e se desenvolver, essas pulsões,

63

em especial as autoeróticas, são primordiais, e, portanto, amplia sua proposta. Ele propõe, assim, que a pulsão sexual se dedica inicialmente à formação da identidade (estado do narcisismo primário) para, posteriormente, buscar os objetos. Instaura-se no interior da libido uma dualidade no investimento, a saber: ou a libido investe-se no *Eu* ou ela investe-se nos objetos. Desse modo, é necessário, para que a posição narcísica passe a existir, que se acrescentem às relações autoeróticas algum outro artifício psíquico, ou seja, artifício que leve as pulsões sexuais a se dedicarem somente à identidade antes de buscarem os objetos. Entretanto, Freud (1914) não esclarece qual é esse artifício para a constituição do narcisismo primário, ele só nos informa que ele é necessário. Para ilustrar esse movimento libidinal de sua nova proposta, ele propõe uma analogia entre o fenômeno do narcisismo e o fenômeno do sono, ou seja, que o estado do sono é o que melhor representa a posição narcisista. O egoísmo dos sonhos seria a elucidação do narcisismo, pois ambos os episódios significam modelos de mudanças da distribuição da libido consequente a uma alteração/formação do *Eu*. Portanto, em 1914 percebemos que o narcisismo significa, ao mesmo tempo, um tipo de relação objetal e uma posição subjetiva.

    Ao aprofundarmos a perspectiva da relação objetal, vemos que o narcisismo de uma pessoa exerce grande atrativo sobre outra. Principalmente porque esse outro abandonou o seu em prol do amor pelo

DO NARCISISMO À DEPENDÊNCIA

objeto. Seria a constatação dessa fascinação pelo narcisismo do *outro* que levaria o autor a considerar as manifestações do afeto dos pais em relação aos filhos como uma identificação e uma reprodução do próprio narcisismo abandonado há muito tempo. Alguns pais conferem aos filhos todas as perfeições e se recusam ou se esquecem de todos os seus defeitos, tentam resguardá-los de todas as cobranças sociais, visto que elas subtraíram seu próprio narcisismo e consagram para seus filhos essas vantagens abdicadas há tempos. Portanto, imperaria nos pais a ideia de que a vida teria que ser mais fácil para os filhos do que foi para eles, pois seus filhos não devem estar sujeitos aos mesmos sofrimentos conhecidos por eles. Nasce dessas observações a célebre constatação freudiana da *Majestade, o bebê*:

> *A doença, a morte, a renúncia ao prazer e a limitação da própria vontade tem de desaparecer para ele [o filho], e as leis da natureza, assim como as da sociedade, devem deter-se ante sua pessoa. Haverá de ser de novo o centro e nódulo da criação:* His Majesty the Baby, *como um dia o estimamos sermos nós. Deverá realizar os desejos não realizados de seus progenitores e chegar a ser um grande homem ou um herói no lugar de seu pai, ou, se é mulher, a casar-se com um príncipe, para tardia compensação de sua mãe* (p. 2027).

Desse modo o ponto mais árduo do preceito narcisista, a eternidade do *Eu*, tão rigorosamente recusado pela realidade com a instauração da falta, adquire sua garantia abrigando-se no filho. O amor parental, no fundo, não passa de uma ressurreição do narcisismo dos pais, que demonstra evidentemente sua remota natureza nessa forma de amor objetal. Entretanto, não podemos reduzir essas relações só a um egoísmo parental, pois a busca das realizações parentais em seus filhos é condicionante para a própria sobrevivência do bebê. Ao amá-lo pela possibilidade de o bebê realizar suas faltas, os pais dão o sopro de vida psíquica aos seus filhos, e, talvez, esse seja o artifício para a instauração do narcisismo primário, o qual Freud (1914) não nos esclareceu.

A existência desse desejo parental na base do nascimento psíquico do bebê ressoa em sua posição subjetiva, pois esse desejo é a base da construção de outro preceito fundamental da psicanálise freudiana para a compreensão do narcisismo, a saber: o *Eu* ideal. Ele seria o herdeiro do narcisismo primário e exerceria sobre certas tendências libidinosas o recalque (quando entram em conflito com os aspectos éticos e culturais do indivíduo). Tal recalque partiria do próprio *Eu* pautado no preceito do ideal, oriundo do narcisismo primário. O próprio indivíduo constrói em si, a partir dos desejos parentais, um ideal, com o qual compara o seu *Eu* atual. As condições impostas por esse ideal seriam a qualidade do recalque exercido pelo *Eu*. Desse modo compreendemos que o *Eu* ideal censura o *Eu* real obrigando-o a realizar o recalque sobre as tendências libidinais do indivíduo:

DO NARCISISMO À DEPENDÊNCIA

> *O narcisismo aparece deslocado sobre esse novo eu ideal, adornado, como o infantil, com todas as perfeições. Como sempre no terreno da libido, o homem se demonstra aqui, uma vez mais, incapaz de renunciar a uma satisfação já gozada alguma vez. Não quer renunciar à perfeição de sua infância, e já que não pode mantê-la ante os ensinamentos recebidos durante seu desenvolvimento e ante o despertar de seu próprio juízo, tenta conquistá-la de novo sob a forma do eu ideal. Aquilo que projeta ante só seu ideal é a substituição do narcisismo perdido de sua infância, no qual era ele mesmo seu próprio ideal* (p. 2028).

A construção do *Eu* ideal aumentaria as reivindicações sobre o *Eu*, estimulando as atuações do recalque, representado em vários momentos pela *consciência moral*. Dessa forma, podemos perceber que o julgamento desempenhado pelos progenitores – pautados por seus desejos insatisfeitos – aos quais se adicionam logo os educadores, os professores e todo o ambiente social, seria a forma principal de inscrição do *Eu* ideal. Não podemos esquecer que esse ideal é, também, a expressão da amplitude do *Eu*, tudo o que uma pessoa acredita, vislumbra ou deslumbra, seria o resquício do sentimento da primitiva onipotência que subsidiou todo o desenvolvimento da nossa autoimagem.

Dessa forma, no que tange ao funcionamento psíquico, amalgamam-se na análise de Freud (1914) as questões subjetivas e as relações objetais. O reflexo dessa amálgama aparece em sua análise da economia libidinal do indivíduo na perspectiva do narcisismo. Freud (1914) propõe uma inter-relação entre a posição subjetiva e o investimento libidinal, partindo da variação energética existente na identidade e no objeto. Ele compreende, por exemplo, que quando o investimento no *Eu* diminui, esvaziando a identidade, o indivíduo pode construir delírios melancólicos para sua sobrevivência psíquica, e quando há um investimento demasiado no *Eu*, podem surgir episódios de megalomania. Desse modo a vinculação ao objeto amado é o motivo da variação libidinal, pois quem ama perde uma parte de seu narcisismo e só pode compensá-lo sendo amado. Todas essas relações sugerem a existência de um enlace narcisista na identidade em relação ao amor:

> *A evolução do eu consiste em um afastamento do narcisismo primário e cria uma intensa tendência a conquistá-lo de novo. Esse afastamento sucede por meio do deslocamento da libido sobre um eu ideal imposto do exterior, e as satisfações são proporcionadas pelo cumprimento do ideal.*
> *Simultaneamente destacou do eu as cargas libidinais de objetos. Empobreceu-se em favor dessas cargas, assim com o eu ideal, e se enriquece de novo pelas satisfações conquistadas nos objetos e pelo cumprimento do ideal.*
> *Uma parte da autoestima é primária: o resíduo do narcisismo infantil; outra procede da onipotência confirmada pela experiência (do cumprimento do ideal); e uma terceira, da satisfação da libido objetal* (p. 2032).

Portanto, o enlace sugerido pelo autor, através da busca amorosa, é que visamos satisfazer os dois aspectos, tanto subjetivo quanto da relação objetal, pois se ama aquilo que possui a perfeição que falta

DO NARCISISMO À DEPENDÊNCIA

ao *Eu* para chegar ao ideal. O homem se realiza ao voltar-se ao seu próprio ideal uma vez mais, como na sua infância. Quando a satisfação narcisista desmorona em impedimentos reais, pode aproveitar-se o ideal como satisfação substitutiva. Ama-se segundo o tipo da escolha de objeto narcisista, ou seja, ama-se aquilo que fomos e deixamos de ser quando crianças ou aquilo que possui as perfeições da qual carecemos.

Freud (1915) continua desenvolvendo essa tese, pois ele compreende o narcisismo como uma forma de satisfação perdida e sempre buscada, estabelecida com a inserção da falta. Essa busca se manifesta constantemente nos movimentos subjetivos de retração da libido, ou seja, nesse momento em que não buscamos qualquer outro objeto senão o próprio *Eu*, suprimindo as cargas objetais e reconstituindo o estado inicial narcisista desprovido de objeto. Esses momentos caracterizam-se, na análise, por uma incapacidade de estabelecer relações de transferências. E no cotidiano, na medida em que esse processo se espaça com seu particular desprezo pelo mundo exterior, na aparição de sinais de uma sobrecarga do próprio *Eu* que culminam na mais completa apatia existencial, uma das bases da dependência.

Essa apatia existencial, na economia subjetiva, revela-nos o fato de a libido não estar investida nos objetos. Sua permanência acaba por deteriorar capacidades subjetivas importantes, a principal delas seria a unidade psíquica. Com a dissolução dessa unidade, alteram-se os laços que unem o pensamento, a palavra e a representação verbal. Freud (1915) entende que nesse momento se estabelece uma troca na matriz de significação da linguagem, pois ela passaria a funcionar segundo um caráter hipocondríaco. A linguagem seria composta pela *linguagem dos órgãos*, que se caracteriza pela busca do olhar do *outro* como um combustível narcísico, em vez de buscar a comunicação humana. As palavras passam a ganhar significado pelo mesmo processo que forma as imagens oníricas, isto é, formam-se como ideias latentes dos sonhos oriundos do *processo primário*. O referencial representativo altera-se, o que determina que o deslocamento das palavras passam a ser as semelhanças verbais e não a analogia das coisas. Desse modo, elas aglutinam-se e transferem suas cargas umas para as outras por deslocamentos, comprimindo em uma só palavra a representação de toda uma série de ideias extremamente condensadas. Dessa forma o modo de pensar do narcisista se transforma pelo fato de direcionar os eventos reais como abstratos.

Um quadro frequente dessa apatia existencial é a melancolia, caracterizada subjetivamente como um estado de ânimo de intenso luto, uma abdicação do mundo exterior, a perda da competência de amar, a inibição de todas as funções e a redução do amor próprio (FREUD, 1917a, p. 2091). Desencadeada pela luta contra a realidade que aponta o desaparecimento

DO NARCISISMO
À DEPENDÊNCIA

do objeto amado, a melancolia determina à libido que abdique de todas suas ligações com o objeto para preservá-lo intacto, como era antes de desaparecer. A luta contra essa realidade nos revela uma das obstinações humanas, ou seja, a sofreguidão frente à abdicação das posições de sua libido, ainda mais quando não se descobriu um substituto para elas. O indivíduo se defende dessa perda de forma ideal preservando-o no *Eu*, o objeto acaba por não morrer e o que fica perdido é a fonte erótica. O melancólico acaba, por assim dizer, empobrecendo o seu *Eu*, apresentando-o como indigno de todo valor, impossibilitado de louvor e moralmente condenável. Na realidade, o sujeito sofre uma perda de objeto, reforçando o retorno da falta, mas, narcisicamente falando, a perda ocorre efetivamente em seu próprio *Eu*.

O processo dar-se-á, então, na relação com o objeto, ou seja, na libido capturada por um determinado objeto. Pela influência de uma afronta real, surge um alarme sobre essa relação, chamada de angústia, e que impõe a retirada da libido desse objeto e seu deslocamento, no entanto, essa condução ao novo não ocorre. A carga libidinal permanece acessível e não se desloca, ela se retrai ao *Eu*, ao qual se imbui do objetivo de (re)constituir o próprio objeto para não ficar desamparado. Para Freud (1917a) a melancolia fecha seu ciclo com um conflito que ameaça a própria base subjetiva, pois ele observa que nela opera-se uma divisão no interior da própria identidade, em que uma parte do *Eu* afronta a outra que acolheu o objeto e passa a avaliá-la criticamente como se fosse o próprio objeto. O autor denominou essa avaliação como *consciência moral*, a qual se apresenta no discurso do indivíduo como as mais violentas autoacusações. Percebemos, como foi exposto anteriormente, que o *Eu* ideal subjaz o *Eu*. No entanto, se escutarmos tais acusações, constataremos que são muito pouco apropriadas à pessoa, elas destinam-se originalmente ao outro, ao qual a pessoa ama, amou ou deveria amar.

> *A sombra do objeto caiu sobre o eu; esse último a partir desse momento pode ser julgado por uma instância especial, com um objeto, e em realidade com o objeto abandonado. Desse modo se transformou a perda do objeto em uma perda do eu, e o conflito entre o eu e a pessoa amada, em uma dissociação entre a atividade crítica do eu e o eu modificado pela identificação* (p. 2095).

Esse processo todo ocorre devido à eleição de objeto se alicerçar em uma escolha narcisista, para que no momento em que nasce determinado aborrecimento, possa a carga de objeto regressar ao sujeito. A melancolia apresenta outro elemento fundamental na compreensão do narcisismo e da dependência, pois ela evidencia o funcionamento da identificação narcisista, isto é, a revelação de que o objeto pode ser um suplente da carga erótica. Tal revelação se dá pela percepção de que, na melancolia, há a não abdicação da relação erótica; apesar do conflito com a pessoa

DO NARCISISMO
À DEPENDÊNCIA

amada, ela é preservada pela regressão ao tipo de escolha de objeto do narcisismo primitivo. A identificação seria a etapa preliminar da escolha de objeto e a primeira forma empregada pelo *Eu* para escolher um objeto. Ela é, no narcisismo, o processo de incorporá-lo de modo correlato à fase oral ou canibalística do desenvolvimento da libido, ingerindo ou devorando o objeto.[5] Portanto, o autor ressalta que quando o amor ao objeto, que se abriga na identificação narcisista, amor que tem de ser conservado, depara-se com o abandono, incide sobre o *Eu* todo o ódio destinado ao objeto, fazendo-o sofrer. Aparece, aqui, outra face sexual de seu sofrimento: a satisfação sádica. Desse modo, a carga erótica do melancólico em direção ao objeto experimenta uma dupla satisfação; uma parte dela recua à identificação e a outra regride ao conflito ambivalente da fase sádica:

> *Esse sadismo nos esclarece o enigma da tendência ao suicídio, que tanto interesse e tanto perigo traz à melancolia. Reconhecemos no estado primitivo o ponto de partida da vida pulsional com um extraordinário amor a si mesmo do eu; e comprovamos, no medo provocado por uma ameaça de morte, a libertação de um enorme montante de libido narcísico, que não compreendemos como o eu pode consentir em sua própria destruição* (p. 2096).

---

5   Percebemos, entretanto, que para Freud (1917a) não há diferença(s) clara(s) entre o processo de identificação e introjeção. Ele tende a utilizá-los indiscriminadamente. O presente livro adota esse movimento freudiano, pois não visa discutir essa problemática.

Dessa forma a melancolia nos mostra várias faces da dependência, pois ela trata o *Eu* como morto devido a sua incapacidade de lidar com a falta. No regresso a ele da carga do objeto, ela faz admissível abordá-lo como um objeto, podendo direcionar a ele toda a hostilidade antes direcionada ao outro – mecanismo primitivo contra o mundo exterior. Nessa regressão à escolha narcisista, fica o objeto desamparado mais poderoso do que o *Eu*, pois, como vimos na paixão, o *Eu* fica dominado pelo objeto, buscando preencher a sua falta:

> *Trava-se, assim, na melancolia infinitos combates isolados ao redor do objeto, combates aos quais o ódio e o amor lutam entre si; o primeiro, para desligar a libido do objeto; e o segundo, para evitá-lo. Esses combates isolados se desenvolvem no sistema Inc, ou seja, no reino dos traços mnêmicos de coisas* (p. 2099).

Outra face da dependência nos é revelada por Freud (1917b), pois ele sintetiza o conceito de narcisismo como uma insuficiência de investimento libidinoso aos objetos, ou seja, a libido que descobrimos aderida aos objetos e que é a confissão de um empenho por conseguir uma satisfação por meio deles, pode também ser abdicada deles e ser suprimida pelo *Eu*. O autoerotismo[6] seria o paradigma

---

6 Aqui, o autoerotismo não é compreendido como uma das formas de relação objetal, mas sim com um dos meios de satisfação. Desse modo, em Freud, a palavra autoerotismo possui dois significados: 1) como um tipo de vinculação objetal;

DO NARCISISMO
À DEPENDÊNCIA

da atividade sexual do narcisismo, pois ele revela a retenção da libido e, por isso, elucida a dificuldade que a sexualidade narcísica tem em se ajustar ao princípio da realidade. O narcisismo seria, como já foi dito, um estado universal, primitivo e anterior ao surgimento do amor aos objetos exteriores, e só saímos dessa posição porque a realidade nos imputa a necessidade de ligarmos a libido aos objetos. No entanto, essa energia básica conserva-se no *Eu* e a transformamos ou investimos nos objetos. Desse modo, pelo caráter da economia energética, é possível ao *Eu* reaver essa libido investida e poupá-la em si mesmo. Entretanto, não podemos confundir esse mecanismo com a atitude egoísta, pois o autor diferencia ambos como:

> *O primeiro é o complemento libidinoso do segundo. Ao falar de egoísmo não pensamos senão no que é útil para o indivíduo. Em troca, quando nos referimos ao narcisismo, incluímos a satisfação libidinosa, [...] pode-se ser absolutamente egoísta sem deixar, por isso, de ligar grandes quantidades de energia libidinosas a determinados objetos, tanto que a satisfação libidinosa procura pelos mesmos que constituem as grandes necessidades do eu. O egoísmo cuidará, então, de que a busca desses objetos não prejudique o eu. Assim mesmo podemos ser egoístas e presentear simultaneamente com certo grau, articulado, o narcisismo, isto é, uma mínima necessidade de objetos* (p. 2382).

---

2) como uma forma de satisfação. Para mais informações sobre o conceito e sua diferenciação, consultar o verbete em LAPLANCHE & PONTALIS. Vocabulário da psicanálise, 4ª ed. São Paulo: Martins Fontes, 2001.

Em todas as circunstâncias o egoísmo se manifesta como elemento irrefutável e constante, e o narcisismo como o elemento inconstante. Diferentemente do egoísmo, então, o narcisismo seria o recuo da libido ao *Eu* e seu desvencilhamento dos objetos, como o movimento psíquico que produz os sonhos e que segue o caminho contrário logo que acordamos. Mas, no caso narcisista, essa volta não se dá tão naturalmente, pois o indivíduo não consegue encontrar o caminho que conduzia aos objetos, e essa impossibilidade é fonte de muito sofrimento.

A acumulação de libido narcisista não pode ser tolerada pelo sujeito quando extrapola certo ponto e podemos supor que, se a libido objetiva revestir objetos, é porque o *Eu* percebe nisso um meio de amenizar os efeitos do sofrimento. Freud (1917b) constata, então, que nas neuroses narcísicas o ponto de fixação da libido satisfaz as fases evolutivas muito mais precoces que na histeria ou na neurose obsessiva. Os sintomas não resultam exclusivamente do desligamento da libido de seus objetos e de seu acúmulo no *Eu* como libido narcisista, pois há, também, no interior do processo, o movimento contrário, visto que ele é ambivalente. Ao mesmo tempo em que há a retração da libido, há a tentativa de investimento no objeto como forma de sobrevivência. Desse modo há grande parte da libido se esforçando por regressar aos objetos. Percebemos, assim, que a escolha de objeto pode seguir dois caminhos distintos: ou pelo tipo narcisista,

DO NARCISISMO
À DEPENDÊNCIA

permanecendo no *Eu* e o substituindo pelo seu ideal, ou pelo tipo *apoio*, sendo nomeados como objeto da libido aqueles indivíduos que se fizeram imprescindíveis para o sujeito (por satisfazer as necessidades vitais). No primeiro caso a formação de um *Eu* ideal satisfaz o propósito de restituir a autossatisfação que era essencial ao narcisismo primário infantil e que tantas perturbações e desgostos experimentou.

Outra face da dependência aparece em Freud (1923), quando ele introduz, em sua teoria, uma nova tópica baseando-se na hipótese de que há em todo indivíduo uma organização coerente de seus processos psíquicos, que considerou como o seu *Eu*, e que este *Eu* integra a consciência, fiscalizando todos os processos psíquicos. Desse modo há a reorganização de toda a dinâmica anteriormente exposta, visto que, precisamos rever o lugar do narcisismo e do *Eu* ideal nessa nova estruturação psíquica. O autor entende que desse novo *Eu* partem os recalques que excluem os conteúdos não só da consciência, mas também das demais formas de atividades e geração das tendências anímicas. Se tal fiscalização parte decididamente do *Eu*, e pela sua abrangência, o autor compreende, então, que nele há algo inconsciente, algo que se comporta análogo ao recalcado, ou seja, manifestando implicações enérgicas inconscientes e cuja percepção consciente carece de alcançá-lo.

Esse inconsciente do *Eu* não é latente na compreensão do pré-consciente, pois, se o fosse, não poderia ser acionado sem súbita consciência, e sua condução à consciência não resistiria a amplas dificuldades. Esse *Eu* emana, portanto, primeiramente do pré--consciente e é a continuação do *Isso* inconsciente. O indivíduo passa a ter, agora para Freud (1923), um *Isso* psíquico incógnito e inconsciente, cuja superfície desenvolve o *Eu* em consonância com a pré-consciência. O *Eu* não volta por completo ao *Isso*, ele é uma parte modificada de sua superfície. O recalcado completa-se no *Isso*, podendo até constituir-se como uma parte dele, e, por conseguinte, se encontra apartado do *Eu* pelas resistências do recalque e só se comunica com ele através do *Isso*:

> *Facilmente se vê que o eu é uma parte do isso modificada pela influência do mundo exterior, transmitido pelo P-Cc., ou seja, de certo modo, uma continuação da diferenciação das superfícies. O eu se esforça em transmitir por sua vez ao isso a influência do mundo exterior e aspira substituir o princípio do prazer, que reina sem restrições no isso, pelo princípio da realidade. A percepção é para o eu o que é o impulso para o isso. O eu representa o que podemos chamar de razão ou reflexão, oposto ao isso, eu contém as paixões* (p. 2708).

Com a nova concepção do *Eu* como uma parte modificada do *Isso* (alterado pela influência do sistema de percepções, o representante do mundo exterior no anímico), surge outra modificação na estrutura psíquica, pois há uma modificação específica no próprio *Eu*, uma distinção dentro dele mesmo, ao que Freud

DO NARCISISMO À DEPENDÊNCIA

(1923) chamou de *Supereu*. Para compreendermos a constituição desse novo agente psíquico, precisamos remeter ao estado do narcisismo e da melancolia explicitados, em que se formulou a hipótese de uma reconstrução no *Eu* do objeto perdido a partir da transferência de uma carga de objeto por uma identificação. Portanto, é na fase oral que iniciamos nossa história.

É na fase oral que o indivíduo não diferencia a carga de objeto da identificação, posteriormente esse *Eu* imaturo notifica-se das cargas de objeto, aprovando-as ou rechaçando-as através do processo do recalque. Assim, como o objeto sexual foi abandonado, nascem comumente em seu lugar as alterações do *Eu* que encontramos na melancolia, delineadas como uma reconstrução do objeto no *Eu*:

> [...] observamos também que essa transmutação de uma escolha erótica de objeto em uma modificação do eu é para o eu um meio de dominar ao isso e aprofundar suas relações com ele, se bem que à custa de uma maior docilidade por sua parte. Quando o eu toma as características do objeto, se oferece, por assim dizer, como objeto ao isso e tenta compensá-lo a perda experimentada dizendo-o: "pode me amar, pois sou parecido ao objeto perdido" (p. 2711).

As primeiras identificações são sempre profundas e duradouras. Isso nos leva à origem do *Ideal do Eu*, no entanto, agora se agrega outro elemento para constituição do *Supereu*, pois há conversão, a essas primeiras identificações, outra tão importante quanto, a saber:

a *identificação com o pai*. Essa identificação, por sua vez, não sugere compor-se como fruto de uma carga de objeto, pois ela seria a união das primeiras identificações ao *Complexo de Édipo*, formando o seu herdeiro direto: o S*upereu*, que vem como função limitar e proibir o *Eu*, tal como o Ideal do *Eu* fazia. Portanto, o *Supereu* forma-se da junção das primeiras identificações do *Eu*, ou seja, o *Ideal do Eu,* da melancolia e representante do narcisismo primário, ao Complexo de Édipo. Suas relações com o *Eu* não se limitam à advertência:

> *"Assim – como o pai – deve ser", senão que compreende também a proibição: "assim – como o pai – não deve ser: não deve fazer tudo o que ele faz, pois há algo que está exclusivamente reservado a ele"* (p. 2713).

Observamos, assim, um fato importante, diante dessas novas hipóteses de Freud (1923), sobre a formulação da concepção do narcisismo. No início, toda libido se encontra aglomerada no *Isso*, enquanto o *Eu* ainda é imaturo e está em processo de formação. Então, o *Isso* concentra uma parte dessa libido em cargas eróticas de objeto, mas depois, com o amadurecimento do *Eu*, este tenta apoderar-se desta libido do objeto e obriga o *Isso* a considerá-lo como o único objeto erótico. O narcisismo do *Eu* seria, assim, um movimento secundário, isto é, o anseio do *Eu* em substituir os objetos. Portanto, no narcisismo, o *Eu* se comporta indiscriminadamente em consideração às duas classes de pulsões. Mediante seu trabalho de identificação e sublimação, ampara as

DO NARCISISMO À DEPENDÊNCIA

pulsões de morte do *Isso* no predomínio da libido, mas ao trabalhar assim se coloca em risco de ser tomado como objeto de tais pulsões e submeter-se a eles. Para poder oferecer tal serviço teve que acumular libido, compondo, assim, o emissário do *Eros*, e almejando viver e ser amado eternamente.

CAPÍTULO 3
Klein e o narcisismo

Klein (1946) propõe que nos primeiros anos da infância se exprimem as ansiedades peculiares da psicose que coagem o *Eu* a desenvolver mecanismos específicos de defesa. Nessa etapa campeiam os pontos de fixação para todos os distúrbios psicóticos. As ansiedades psicóticas no infante influem profundamente no desenvolvimento da personalidade em todos os aspectos (incluindo o *Eu*, *Supereu* e as relações objetais). Diferentemente de Freud, para ela as relações objetais iniciam-se desde o começo da vida, consistindo o primeiro objeto o seio da mãe. Nessa fase, o seio para a criança é desconexo e se divide em um bom (gratificador) e em um mau (frustrador). Essa separação precede a cisão do amor e do ódio. Klein (1946) entende que essas primeiras relações com o primeiro objeto são regidas pelos processos de introjeção e projeção, sendo assim, a identidade forma-se pela interação da introjeção e da

DO NARCISISMO
À DEPENDÊNCIA

projeção dos objetos, cunhando as realidades interna e externa. Esses processos instituem a formação do *Eu* e do *Supereu*, organizando a personalidade para o início do complexo de Édipo no final do primeiro ano de vida.

Já no início, o impulso destrutivo elege o objeto e promulga-se nos ataques idealizados ao seio materno, o que em breve transforma-se em ataques generalizados ao corpo da mãe por todos os mecanismos sadistas. Klein (1946) enumerou várias defesas peculiares do *Eu* primitivo, a saber, "... mecanismos de divisão do objeto e os impulsos, idealização, negação da realidade externa e interna, e a repressão de emoções" (p. 315), com o resultado dessas ansiedades o temor de ser intoxicado e engolido. Se os temores persecutórios forem muito intensos e o bebê não for capaz de significar as ansiedades da *posição esquizoparanoide*, as ansiedades subsequentes, da *posição depressiva*, não serão elaboradas. Esse fracasso ocasionará uma contribuição regressiva aos receios persecutórios e o fortalecimento das ansiedades paranoides conduzindo a graves psicoses.

A fusão entre as feições amadas e odiadas do objeto completo produzirá a raiz dos sentimentos de pesar e de culpa, aos quais implicam avanços fundamentais na vida emocional e intelectual da criança.[7] A autora coloca que o papel do *Eu* é de conter a ansiedade, já que ela origina-se da atividade do instinto de morte dentro do

---

7 Trata-se ainda de uma circunstância capital para a escolha da neurose ou psicose.

organismo, que é experimentada como o temor de aniquilamento e ostenta a feição do temor de perseguição. Umas das principais fontes de ansiedade primária são o nascimento e a frustração das necessidades corporais. Essas experiências são sentidas como se o objeto as tivesse causado, mesmo se esses forem objetivos, serão sentidos, através da introjeção, como sendo perseguidores e internos, reforçando o medo e o impulso destrutivo interno. A necessidade fundamental de arcar e conter a ansiedade compele o *Eu* arcaico a desenvolver mecanismos de defesas. A investida destrutiva é projetada no exterior e vincula-se ao primeiro objeto externo: à mãe, ou melhor, ao seio. O *Eu* primitivo fragmenta o objeto e a relação com o mesmo de um modo ativo. A ambiguidade do processo é que essa fragmentação do objeto terminará na fragmentação do próprio eu. Entretanto, esse movimento é necessário à dispersão do impulso destrutivo.

Nos momentos de ansiedade e frustração, os desejos sado-orais e canibalescos são revigorados e o bebê experimenta que incorporou, por exemplo, o mamilo e reduziu o seio a pedaços. Assim sendo, com a separação entre um bom e um mau seio na alucinação, a criança sente que o seio frustrador está em estilhaços e sente que o seio gratificador, dominado pela libido concentrada na sucção, permanece completo. Desse modo, esse objeto primário integrado pode ser introjetado e servir como alicerce para toda a estruturação da identidade. Com a fundação da

DO NARCISISMO À DEPENDÊNCIA

identidade estabelecida torna-se possível à criança equilibrar os processos de cisão e dispersão e promover a coesão e a integração. Mas, se a criança, nesse processo de fundação, sentir estremecida pela frustração e ansiedade, dentro de si o seio bom e completo, por decorrência, perseverará a separação entre o bom e o mau seio, sendo difícil a conservação da identidade. O bebê, quiçá, terminará significando que o seio bom também está estilhaçado.

Klein (1946) entende que o *Eu* não é capaz de decompor o objeto sem que haja uma correspondente separação dentro do próprio *Eu*. Assim, as fantasias e sentimentos sobre o estado do objeto interno implicam fundamentalmente a estrutura da identidade. Quão mais sadismo imperar no processo de introjeção do objeto e quão mais se experimentar que o objeto está em pedaços, tanto mais o *Eu* ficará em risco de ser dividido como à fração do objeto introjetado. Todo esse processo encontra-se na vida fantasmática do bebê,[8] e é por ela que o bebê fragmenta o objeto e o *Eu*. Os mecanismos de projeção e introjeção nascem no desvio do instinto de morte para o exterior e auxiliam o *Eu* a lidar com a ansiedade, libertando-o da ameaça.[9] Já a idealização está atrelada à cisão do objeto, uma vez que os aspectos bons do seio são projetados como preservação contra o medo do seio

---
8 As ansiedades que estimulam o mecanismo de cisão também são de natureza fantasmática.
9 A introjeção do bom objeto é também usada pelo *Eu* como uma defesa contra a ansiedade.

perseguidor. A idealização, apesar de ser o corolário do medo e da perseguição, ambiciona uma gratificação pulsional infinita e gera uma representação de um seio inesgotável e farto, ou seja, um seio ideal. O objeto frustrador e persecutório é conservado diametralmente à parte do objeto idealizado, porém:

> *O mau objeto é não só mantido a grande distância do bom objeto, mas sua própria existência é negada, assim como toda a situação de frustração e os sentimentos maus a que a frustração dá origem* (p. 321).

A negação onipotente[10] da existência do mau objeto e da experiência frustradora é idêntica ao mecanismo de aniquilamento advindo do impulso destrutivo. Todavia, não é somente a experiência ou o objeto que são negados e aniquilados, é toda *relação objetal* que sofre esse destino e, consequentemente, a parte do *Eu* que relaciona-se com esse objeto.

Klein (1946) compara esse processo primitivo de cisão, negação e onipotência como correlato ao recalque que advirá em estágio subsequente do desenvolvimento do *Eu*. Nessa fase, a libido oral ainda prevalece, porém as fantasias e impulsos libidinais e agressivos de outras partes do corpo ascendem a primeiro plano e induzem a uma confluência de desejos tanto orais, uretrais, quanto anais, tanto de conteúdo

---

10 "A negação da realidade psíquica só se torna possível através de fortes sentimentos de onipotência" (KLEIN, 1946, p. 321).

DO NARCISISMO
À DEPENDÊNCIA

libidinal como agressivo. As agressões contra o seio materno ampliam-se ao corpo da mãe, que passa a significar inicialmente um alargamento do seio, antes de ela ser percebida como pessoa completa.

A investida fantasiada contra a mãe segue duas linhas principais: uma é o impulso predominantemente oral para sugar, morder, esvaziar e roubar o corpo materno de todo o seu conteúdo bom. A outra linha de ataque se deriva dos impulsos anais e uretrais, e implica a evacuação de substâncias venenosas (excrementos), que são expelidos do *Eu* e introduzidos na mãe. Em conjunto com esses excrementos nocivos, expelidos com ódio, as partes destacadas do ego também são projetadas na mãe ou, como prefiro dizer, para dentro da mãe. Esses excrementos e partes más do *Eu* têm o intuito não só de causar dano, mas também de controlar e tomar posse do objeto. Na medida em que a mãe passa a conter as partes más do *Eu*, ela não é sentida como um indivíduo separado, mas como o *Eu* mau (p. 322).

Muito do ódio contra determinados componentes do *Eu* é imediatamente dirigido à mãe como esse seio ampliado, e, com isso, se configura a identificação que se constitui como modelo de uma relação objetal agressiva.

Quando a projeção maciça decorrente do impulso infantil agressivo, que visa ocasionar prejuízos ou dominar a mãe, ganha espaço; a mãe passa a ser sentida pela criança como perseguidora. Com relação ao *Eu*, essa demasiada proeminência da expulsão ao mundo externo de seus elementos, o enfraquece assombrosamente. Portanto, a introjeção de um objeto bom, o seio materno, é uma precondição para o desenvolvimento identitário, pois só assim esses estados de desintegração que a criança experimenta serão transitórios. A gratificação pelo objeto bom externo, pelo amor e pela compreensão maternos auxilia frequentemente o *Eu* a superar esses estados esquizoides. Entretanto, há outro elemento que pode dificultar o desenvolvimento identitário nesse momento, a saber, a culpa. Visto que, após o elemento odiado e destrutivo do *Eu* ser cindido e projetado, e ser experimentado como uma ameaça ao objeto amado, inicia-se o processo de integração egoico que poderá originar a culpa pela percepção de que é ela própria, a criança, que desejou a destruição de seu seio amado.

O narcisismo surge no meio de todo esse processo descrito, pois ele deriva na visão kleiniana dos mecanismos introjetivos e projetivos infantis. Assim, Klein (1946, p. 328) entende a natureza narcisista como um vínculo com objeto pautado na exteriorização dos próprios conteúdos da identidade, isto é:

> *Quando o* eu *ideal é projetado em outra pessoa, esta passa a ser predominantemente amada e admirada porque contém as partes boas do* eu. *Do mesmo modo, a relação com outra pessoa na base da projeção de partes más do* eu *é de natureza narcisista, porque o objeto também representa acentuadamente uma parte do* eu.

DO NARCISISMO À DEPENDÊNCIA

Desse modo, o desejo de controlar outros pode ser elucidado pelo desejo de controlar determinadas partes do próprio *Eu* que foram projetadas. Quando essas partes foram depositadas em outras pessoas, elas só podem ser controladas desde que se controle a pessoa. Uma das procedências dos mecanismos obsessivos pode estar relacionada à descoberta, na identificação, de uma característica que decorre dos processos de projeção primitivos e narcísicos. Essa conexão pode esclarecer o caráter do componente obsessivo que participa na tendência reparadora, pois não corresponde somente a um objeto cuja importância se sente culpa, mas a parcelas do *Eu* que o indivíduo é instigado a reparar ou a recuperar. Quando esse ato reparador falha, poderemos ter o estabelecimento de laços dependentes como manifestação de uma dívida impagável.

A projeção dos elementos cindidos do *Eu* em outras pessoas pode se desdobrar, além das relações objetais explicitadas, na própria existência emocional e na própria identidade como todo. Klein (1946) aponta que desdobramentos dos sentimentos depressivos seriam a culpa e o medo do aniquilamento do objeto pelos impulsos agressivos dirigidos contra ele. Haveria, no cerne latente desse medo, os processos de cisão e projeção. Se o impulso agressivo em relação ao objeto for dominante e intensamente instigado pela frustração da despedida, o sujeito experimentaria os elementos do seu *Eu* como separados de si e projetados no objeto, portanto, para não sentir tal sensação, ele reprimiria essa perda do objeto de uma maneira hostil e destrutiva. Desse modo, o objeto interno poderia sofrer a mesma ameaça de aniquilamento que o objeto externo que, em parte, foi consentida[11] pelo *Eu*. O resultado desse processo é um excessivo enfraquecimento energético do *Eu*. Por isso, a possibilidade e o êxito do processo de reparação são fundamentais, pois, com a introjeção do objeto completo, são alcançados avanços importantes na direção da integração. Nessa fase, a culpa gerada propicia a reparação dos objetos danificados pelos impulsos agressivos.

Klein (1948) salienta que os processos de introjeção e projeção induzem à estruturação do *Eu*, colocam a par os objetos extremamente bons e os extremamente assustadores e persecutórios. A criança projeta a sua própria agressividade destrutiva referente às suas figuras internas. É essa agressividade – adicionada pela culpa oriunda pelos mesmos impulsos agressivos do bebê contra o seu primeiro objeto de amor, o seio materno – que integra e dá início ao seu primitivo *Supereu*. A ansiedade seria provocada, portanto, pela ameaça que o organismo experimenta decorrente da pulsão de morte, ou seja, a ansiedade tem sua procedência no medo da aniquilação. Como a batalha entre a pulsão de vida e de morte continua ao longo da vida e se inicia no nascimento, essa fonte de ansiedade jamais

---

[11] Freud, em *Duelo y melancolia* (1915), aponta os processos de indiferenciação do objeto e o Eu em indivíduos que apresentam um quadro de luto patológico.

DO NARCISISMO À DEPENDÊNCIA

é extinta e será sentida inicialmente como um fator externo. Portanto o medo de ser aniquilado pode ser compreendido como ansiedade resultante do medo de que o bom seio interno seja extinto, pois esse objeto é estimado e indispensável para a conservação da vida. As ameaças ao bom seio nascem do medo derivado da projeção dos impulsos infantis para devorar os seus objetos. Desse modo, o seio materno pode transformar-se em um objeto mau, ou seja, devorador na fantasia da criança, e esse medo, em seguida, se estenderia ao pênis paterno e ao pai. O *Supereu* compõe-se, então, mediante ao conjunto do seio devorador e pênis devorador. Essas austeras e ameaçadoras figuras internas transformam-se nos representantes da pulsão de morte.

Klein (1948) entenderia, assim, que projetar seus impulsos destrutivos no seio seria enxotar a pulsão de morte para o exterior, e o seio atacado transforma-se no representante exterior da pulsão de morte. No processo de integração, o seio mau precisa ser também introjetado, e isso intensifica a situação de perigo interno, isto é, o medo de que a atividade interna da pulsão de morte leve ao *Eu* a desintegração. O componente da pulsão de morte que fora enxotado para fora é reintrojetado e o *Eu* seria conectado ao medo de seus próprios impulsos destrutivos ao introjetar o mau objeto. Klein (1948, p. 299) completa:

> *O seio externo frustrador (mau) passa a ser, devido à projeção, o representante externo do instinto de morte; através da introjeção, reforça a situação primária de perigo*

interno; isso leva, por sua vez, a um maior impulso do ego desviar para o mundo externo (projetar) os perigos internos (primordialmente, a atividade do instinto de morte). Verifica-se, portanto, uma flutuação constante entre o medo dos maus objetos internos e externos, entre o instinto de morte atuando internamente e o desviando para o exterior. Eis um importante aspecto da interação – desde o princípio da vida – entre a projeção e a introjeção.

Faz-se necessário nesse momento de nossa reflexão para compreendermos melhor as nuanças do narcisismo kleiniano, o conceito de *gratificação alucinatória* (KLEIN, 1952). Nessa situação a frustração e a angústia procedentes de diferentes fontes corpóreas são afastadas de forma alucinatória em que objeto perdido é recobrado. É dessa forma que o sentimento de ter um seio ideal interior é ativado. Como o seio alucinado é inesgotável, a avidez fica temporariamente satisfeita. Inicia-se, então, uma série de mecanismos defensivos fundamentais para a realização dos desejos por meio da alucinação, sendo o principal deles o controle onipotente do objeto interno e externo, visto que o *Eu* ostenta o privilégio de ser o seio externo e interno. Ademais, na alucinação, o seio mau mantém-se completamente separado do seio ideal, tal cisão está atrelada ao processo de negação, equivalente a um aniquilamento de qualquer objeto ou circunstâncias frustradoras. Todo o processo está vinculado ao forte sentimento de onipotência que se estabelece nos estágios iniciais de vida. A situação de ser frustrado e os

DO NARCISISMO À DEPENDÊNCIA

seus maus sentimentos originados são sentidos como se tivessem sido aniquilados; a gratificação e o alívio da ansiedade persecutória são obtidos. O aniquilamento do objeto persecutório e da situação persecutória campeia-se preso ao domínio onipotente do objeto. Outro elemento fundamental para nossa reflexão sobre o narcisismo kleiniano é o conceito de *inveja* (KLEIN, 1957, p. 212), pois ele explica os mecanismos que permeiam as relações primitivas, entre elas o do narcisismo:

> [...] a inveja contribui para as dificuldades do bebê em construir seu objeto bom, pois ele sente que a gratificação de que foi privado foi guardada, para uso próprio, pelo seio bom que o frustrou.

A inveja implica a relação do indivíduo com uma só pessoa e remonta à mais arcaica e específica relação com a mãe. Vemos, por exemplo, que o próprio ciúme é abalizado na inveja; seria uma das formas do desenvolvimento desse sentimento a ampliação de uma relação abarcada entre duas pessoas para três ou mais, e se refere, sobretudo, ao amor que a pessoa experimenta como particularmente seu e que lhe foi tirado ou ameaçado por alguém. A voracidade é uma estuação da inveja, que extrapola aquilo que o sujeito precisa e o que o objeto está apto e organizado a oferecer. No nível inconsciente, a voracidade propõe escavar inteiramente o objeto, absorver até abandoná-lo estéril e devorado. O seu desígnio é a introjeção destrutiva. A inveja busca não só esbulhar o objeto, ela vai além, pois, também, visa ater maldade, principalmente excrementos maus e componentes do *Eu* dentro da mãe e, acima de tudo, dentro do seu seio com o intuito de inutilizá-lo e aniquilá-lo, denotando extinguir a capacidade criadora da mãe.

Poder-se-ia proferir que o sujeito demasiadamente invejoso é sôfrego, que jamais pode ser atendido porque sua inveja germina internamente e, desse modo, sempre depara com um objeto sobre o qual se focalizar. Isso demonstra, quiçá, o atrelamento íntimo entre ciúmes, voracidade e inveja. O primeiro objeto a ser invejado é o seio bom, porque o bebê experimenta que o seio tem tudo o que ele anseia e que possui um fluxo infinito de leite e amor, e que conserva para sua própria gratificação. Esse sentimento adiciona-se ao seu ressentimento, agressividade e ódio, e o efeito é uma relação perturbada com a mãe. Se ponderarmos que há uma avidez ativa da voracidade e da ansiedade persecutória, e que há no psiquismo do bebê a alucinação de um seio inesgotável, torna-se compreensível o fato de a inveja aparecer ainda que o bebê seja inadequadamente amamentado. Os anseios do bebê sugerem que o seio se transforma em mau porque detém só para si o leite, o amor e os cuidados agregados ao seio bom. Ele abomina e ao mesmo tempo inveja aquilo que experimenta ser o seio avarento e malevolente. O seio bom também é invejado, pois a própria facilidade com que o leite

DO NARCISISMO À DEPENDÊNCIA

brota causa também inveja, uma vez que, ainda que o bebê se sinta gratificado, essa facilidade sugere a ele a fantasia de que exista um dom inatingível. Vemos, portanto, que esse dois conceitos, de gratificação alucinatória e de inveja, surgem, inicialmente, frente à incapacidade do bebê de lidar com a frustração. No entanto, a frustração, se não demasiada, é, também, um estímulo à adaptação ao mundo externo e ao alargamento do princípio da realidade. De fato, certa quantidade de frustração, acompanhada de uma gratificação, pode produzir no bebê a impressão de ter sido hábil em suportar sua ansiedade, cooperando, assim, como fator importante para suas sublimações e atividades criativas. A carência de conflitos no bebê privá-lo-ia de um desenvolvimento em sua personalidade e de um fortalecimento do seu *Eu*, já que o conflito é um artefato capital para a capacidade criadora. Porém, Klein (1957, p. 218) adverte que uma frustração excessiva pode desencadear a inveja e que ela:

> *Estraga o objeto bom originário e dá impressão adicional aos ataques sádicos ao seio... O seio, assim atacado, perde seu valor, torna-se mau por ter sido mordido e envenenado por urina e fezes. A inveja excessiva aumenta a intensidade desses ataques e sua duração, tornando assim mais difícil para o bebê a recuperação do objeto bom perdido. Ataques sádicos ao seio, quando menos determinados por inveja, passam mais rapidamente e, assim, na mente do bebê, não destroem tão intensa e duradouramente a qualidade boa do objeto; o seio que retorna e pode ser fruído é sentido como uma evidência de que não está danificado e de que ainda é bom.*

Esse sentimento primário, de caráter onipotente, reflete no sentimento atual vivenciado em relação a uma figura substitutiva e colabora tanto para as emoções provocadas pela inveja como para o esmorecimento da culpa. A inveja excessiva interfere na cisão capital entre o seio bom e o seio mau, e prejudica a estruturação de um objeto bom, danificando-o. Desse modo, não há uma base sólida para uma personalidade madura, desenvolvida e integrada, pois a distinção ulterior entre bom e mau permanece perturbada de diferentes formas. A herança dessa perturbação do desenvolvimento, oriunda dessa inveja excessiva, seria a prevalência dos mecanismos paranoides e esquizoides em estágios mais iniciais, formando, assim, as bases do narcisismo.

Superação desse quadro seria, segundo Klein (1957), a aptidão para amar que gera tanto as tendências integradoras quanto o sucesso da cisão entre o objeto amado e odiado. Entenda-se, aqui, que a aptidão para amar e a consequente integração fundamentam-se em um objeto bom, seguramente arraigado, formando o cerne do *Eu*. Durante certo período, a cisão é fundamental para essa integração do *Eu*, pois assim preserva o objeto bom e capacita o *Eu* a sintetizar os dois aspectos do objeto. Ao sintetizar os dois aspectos – o objeto e o sujeito –, conseguem superar a inveja, abandonar a gratificação alucinatória e mitigar o narcisismo, tudo em prol de uma relação mais saudável com o objeto, podendo cambiar de

DO NARCISISMO À DEPENDÊNCIA

posição e adentrar um processo reparatório em relação aos objetos amados. Desse modo se instala um narcisismo saudável em que se mantém a unidade do *Eu* e permite que ele exerça de forma saudável suas capacidades criativas e reparadoras.

PARTE III

CAPÍTULO 4

A toxicomania e o maníaco-depressivo

Entraremos agora, finalmente, na proposta da dependência na era do narcisismo. Tomaremos, inicialmente, como guia para nossa visão a escola psicanalítica inglesa, expressa pelo trabalho de Rosenfeld (1960), no que toca à questão da toxicomania.

O autor supracitado inicia suas considerações com a questão do enquadre terapêutico dessa psicopatologia. Ele considera que o progresso no entendimento da toxicomania advém da compreensão da *neurose de transferência* ou da *psicose de transferência*, mas não pela renúncia da cura psicanalítica, visto que a toxicomania se pauta profundamente na enfermidade maníaco-depressiva, embora não seja idêntica a ela. O *Eu* do toxicômano é débil e não dispõe de alento para aturar o peso da depressão e recorre, então, aos mecanismos maníacos. Porém, só obtém a reação maníaca necessária com o subsídio das drogas, reforçando o *Eu* para a produção da mania. O sentido simbólico da droga seria aumentar a onipotência tanto dos impulsos quanto dos mecanismos utilizados. Rosenfeld (1960, p. 150) destaca que as defesas maníacas se originam na mais tenra infância, na posição *esquizo-paranoide*, e que se modificariam na posição *depressiva*, é "por esse motivo que as defesas maníacas se relacionam tanto com as ansiedades paranoides e depressivas quanto com os mecanismos maníacos". Os mecanismos maníacos, que o toxicômano recorre para o controle de suas ansiedades paranoides são "... a idealização, a identificação com o objeto ideal e o controle onipotente dos objetos que, aliás, podem ser objetos parciais ou totais" (p. 150). Sob o comando desses mecanismos incide a negação de toda a frustração e ansiedade, sobretudo da ansiedade persecutória, e se expelem os elementos hostis, perversos do *Eu*. A droga, por fim, representaria o objeto ideal que se tentaria incorporar e para que se usasse o efeito da droga como reforço da onipotência dos mecanismos de negação e de divisão, preservando o narcisismo.

O autor faz uma comparação da droga com a regressão à situação de satisfação do bebê ao seio, pois é nessa idade que o infante emprega em suas fantasias a gratificação alucinatória para seus desejos e, com isso, suporta suas aflições. A dinâmica da toxicomania se pautaria, assim, em mecanismos maníacos e suas defesas, em que se empregaria a droga como um subsídio físico artificial para a fabricação da alucinação, própria da criança quando usa os dedos ou o polegar como auxílio para alucinar o seio ideal. A droga se consome para o suprimento e o aniquilamento de quaisquer objetos frustrantes e perseguidores. Portanto, a droga viria para satisfazer narcisicamente o sujeito para, assim, ele conseguir ascender aos mecanismos maníacos.

As drogas suprimiriam as ansiedades persecutórias e os impulsos sádicos se afigurariam, também, como um conteúdo destrutivo mau, cuja incorporação significa a identificação do sujeito com os seus objetos destruidores maus, temidos e sentidos como persecutórios. O resultado disso é o aumento do poder onipotente e do impulso de destruição. Quando a intoxicação acontece sob a possessão dos impulsos sádicos, o toxicômano expulsa e rejeita seu *Eu* bom e seus objetos internos bons, assim como seu interesse por eles. Eleva-se, então, a ação de seus impulsos destrutivos, sem ansiedade e nem hesitação, contudo igualmente sem controle, o que provoca o prejuízo da capacidade controladora do objeto interno, do *Supereu*. O toxicômano pode ceder, assim, a um delírio de destruição que se dirige contra o objeto externo, porém que também afeta os seus objetos internos. Rosenfeld (1960) exalta a importância dos impulsos primários de destruição que complementam o movimento de mania do sujeito dependente, pois o triunfo se pauta na onipotência destruidora e determina, na elação, o componente onipotente destruidor que surge

DO NARCISISMO
À DEPENDÊNCIA

com a inveja oral primária. Outro fator fundamental da estrutura da dependência é sua relação com a depressão, que consiste na identificação com o objeto perdido. A droga encontra-se no lugar do objeto e a intoxicação simbolizaria uma incorporação de maneira real desse objeto. O toxicômano não consegue afrontar a angústia, a ansiedade e a frustração, e isso se deve, não só à regressão oral, mas também à excessiva divisão de seu *Eu* e de seus objetos que impediram a integração do seu *Eu* e se estruturam uma timidez identitária. A droga institui o símbolo da parte má do *Eu* ejetada e a intoxicação se dá quando esse *Eu* mau se projeta nos objetos externos ou quando o *Eu* mau projetado regressa ao *Eu*. Assim, incrementa-se a onipotência do mecanismo de projeção e a onipotência dos impulsos destrutivos. O toxicômano se fixa numa fase bastante primitiva, na posição *esquizo-paranoide* e parcialmente atinge a posição *depressiva*, ou seja, o *Eu* do toxicômano e os mecanismos de defesa do seu *Eu* regridem a essa posição primitiva.

Nas experiências infantis primitivas do recém-nascido, que elege o chupar o polegar como a satisfação alucinatória de desejo, por exemplo, a mania e a inveja primária do seio desempenham um papel importante no postergar precoce do seio pelo polegar, que compõe, na visão de Rosenfeld (1960), fator primordial da disposição à toxicomania. As bases psicopatológicas principais da toxicomania se encontram na oralidade, nos impulsos sádicos primitivos e na difusão progressiva das pulsões, mas também, ela se relaciona com o quadro patológico maníaco-depressivo, pois mostra certos mecanismos maníacos e depressivos que aumentam a onipotência dos mecanismos empregados e a onipotência dos impulsos. A saída aos mecanismos de idealização, de identificação com os objetos ideais e de negação das ansiedades persecutórias e depressivas está na afinidade com os aspectos positivos ou defensivos da mania. No entanto, exercem, também, um papel importante os mecanismos de divisão do *Eu* e a projeção das partes boas e más do *Eu*. Rosenfeld (1960) ressalta que esses mecanismos são mais acentuados do que nos estados maníaco-depressivos. A parte má da personalidade do toxicômano frequentemente se identifica com a droga e se projeta nela. A ingestão de drogas se torna imperiosa quando o *Eu* mau é reaceito dentro do *Eu*, a timidez do *Eu* se pauta na penetração do processo de divisão e a análise auxilia o toxicômano a associar e a agregar no *Eu* seus elementos expelidos, procedimento que provoca o fortalecimento do *Eu*.

Esse percurso da toxicomania, a qual nos revela os movimentos da dependência em geral, foi construída por Rosenfeld remontando alguns conceitos freudianos (*apud* ROSENFELD, 1960). Primeiramente, nos é importante realçar a visão de que a masturbação seria a afecção primária e que as outras afecções somente entram na vida como substitutos ou equivalentes dela, ou seja, a transferência de um impulso por outro impulso sexual associado. Nos toxicômanos, há uma

DO NARCISISMO À DEPENDÊNCIA

intensificação libidinal essencial para significação erógena da região labial, e ao usar a droga reduz, assim, as forças inibidoras, entre elas a crítica, e torna-se de novo acessível às fontes de prazer que estavam sob supressão. Sob o efeito da droga o usuário se torna uma vez mais uma criança que encontra prazer em ter à sua disposição o curso dos seus pensamentos sem se submeter à compulsão da lógica, sendo assim, a droga levanta as inibições e desfaz o trabalho da sublimação, ou seja, o paradigma masturbatório freudiano:

> *Enquanto o amante pode buscar uma série interminável de objetos substitutivos, nenhum dos quais nunca lhe traz satisfação plena, o alcoólatra está mais ou menos ligado a sua bebida predileta, e a gratificação repetitiva não interfere no retorno de seu desejo intenso. Os grandes amantes do álcool descrevem sua atitude em relação ao vinho como a da mais perfeita harmonia, como o modelo do casamento feliz [...] a bebida levanta as inibições e desfaz o trabalho da sublimação [...] a liberação dos impulsos provinda da repressão, se torna possível pela ação do tóxico [...] compara o humor com a elação e sugere que ele significa o triunfo não só do ego, mas também do princípio do prazer.* (ROSENFELD, 1960, p. 246)

A origem da toxicomania referir-se-ia à fase oral do desenvolvimento e, também, à existência de uma ligação com a masturbação infantil. O toxicômano usa a droga como um meio de conseguir prazer sem dificuldade, masturbar-se, e a considera como objeto ideal, demarcada por uma avidez oral. Rosenfeld (1960, p. 270) conclui, assim, que há importância dos fatores orais, do narcisismo, da mania, da depressão, dos impulsos de autodestruição e das perversões.

Para Rosenfeld (1960), ao examinarmos a oralidade dos toxicômanos, sua intensidade nos remete a uma regressão a um momento suctório e ao trauma do desmame. Dentro da dinâmica da dependência, perceberíamos que o último teria prevalência sobre o primeiro. Isso pelo fato de que o desmame precoce pode transmudar o seio externo frustrador em um seio venenoso, acarretando a estruturação do seio ou da mãe internalizados altamente idealizados, o que colabora para as ilusões de autossuficiência. O desmame transformado em maldade marca um processo invejoso em torno dessa convicção. Seria no narcisismo, ou na identificação primária, ou na fixação a um objeto narcísico passivo, que haveria uma maior propagação consentida da pulsão de morte, tornando-o mais poderoso, fazendo com o que o toxicômano se deprima e regresse a um estado pré-natal, simbolizando a morte.

Para completar o quadro do funcionamento da dependência, Rosenfeld (1960) veria no sadismo e no masoquismo a pulsão de morte dirigida contra o *Eu*; veria na perversão, como na homossexualidade, presença marcante nas toxicomanias, que desencadearia um efeito particularmente destruidor, na medida em que influenciam a consciência ou o *Supereu*, paralisando-o e eliminando sua influência. As drogas representariam

DO NARCISISMO
À DEPENDÊNCIA

o objeto bom ou o mau, o objeto ideal e parcial, representando um objeto total com o qual o toxicômano anseia por se unir. A inter-relação entre sintomas de objetos externos e internos bons e maus e o uso de drogas para atacá-los advém dos mecanismos de introjeção e projeção.

CAPÍTULO 5
O espelho quebrado

Este capítulo marca o prosseguimento da tarefa de demarcarmos o funcionamento da dependência através da análise de uma de suas expressões; a toxicomania. Inicialmente, percorremos o caminho demarcado pelo instrumento criado pela psicanálise inglesa. Agora, percorreremos outro meio e utilizaremos outro instrumento criado em consonância com os pensamentos da psicanálise francesa. O primeiro passo a ser dado na compreensão desse funcionamento contemporâneo é percebermos que a existência da droga se deu, historicamente, sem o toxicômano, e que diante dela as atitudes dos homens variaram conforme suas condições históricas, ideológicas e socioculturais. Perante esse quadro, a atitude do sujeito contemporâneo ajustar-se-ia de acordo com a vulnerabilidade particular que se relaciona a sua história de vida, e, dentro dessa mesma história, as carências inerentes ao processo de amadurecimento que ocorreram inevitavelmente. Toda carência atual no ser

DO NARCISISMO
À DEPENDÊNCIA

humano expede à outra mais arcaica, e é nisso que se estabelece a especificidade da dependência humana. Olievenstein (1989, p. 14) resume todas essas ideias na subsequente fórmula: "o encontro de um produto com uma personalidade e um momento sociocultural".

A falta só se estabelece no exato momento em que se dissipa o prazer, estabelece-se uma demanda de intensidade e não de causalidade. Com a intensificação da falta incidirá o arrefecimento da intensidade do prazer, porém existe em ambos a fusão com o objeto, visto "que o importante é ser Narciso" (p. 15). Esse quadro advém dos tempos mais remotos da personalidade humana, aos quais Olievenstein (1989) denominou de estágio do *espelho quebrado*, referência ao *estágio do espelho* lacaniano, em que a identidade se constrói, só que nesse caso, se desfaz ao mesmo tempo. Não caberia dizer que haveria a perda do objeto e a desorganização do ego, pois haveria de fato uma rejeição e uma possessão simultaneamente do seio materno, em que haveria um predomínio da instabilidade no momento em que deveria só existir estabilidade. Ao encontrar a droga haveria a recordação do prazer, encontrar-se-ia a ilusória e mítica primeira mamada, mas já em sua forma serena e emendada.

Assim, a dependência não seria resultante da substância; ela seria, também, a submissão à substância, pois a droga seria absorvida pela personalidade da pessoa e vice-versa. Ela:

> Se torna um modo de existência, uma relação com a vida que permite evacuar tudo que aconteceu ao sujeito desde o estágio do espelho quebrado, que foi buscado no descomedimento e foi encontrado com o relâmpago fusional com o produto. (p. 15)

Pois a falta da droga seria dolente, mas não em um sentido melancólico, porque ela seria um holerite do produto e não um trabalho de luto. O toxicômano encontra no sofrimento da falta a vicissitude; quanto mais viva for, mais o prazer ascende à intoxicação. É no momento em que se estabelece esse processo que a própria falta se transforma em objeto do desejo, suprimindo o objeto droga, que não é mais capaz de desempenhar a sua função. Ou seja, hoje se compra não mais pelo objeto, mas sim pelo simples ato de comprar, o qual caracteriza nosso consumismo desenfreado. A dependência dá o tão sonhado significado à vida do indivíduo, somente a droga ou o consumo possui essa competência, a saber, de inverter toda a vida psíquica, abolindo o traumatismo instituidor, abolindo o trauma despedaçador do espelho:

> [...] É da incerteza inicial, de ser ou não ser... E drogar-se não tem sentido, senão pelo prazer de início... O toxicômano com Narciso, porque, como Narciso, ele se apaixona somente por uma imagem, a sua, que a cada instante ele constrói. E, como Narciso, tenta reunir-se a ela, correndo o risco de morrer. Mas, diferentemente de Narciso, ele sabe desde o princípio que essa imagem é inatingível. (p. 18)

DO NARCISISMO
À DEPENDÊNCIA

Olievenstein (1989) destaca que seria o toxicômano o ser humano que conseguirá ir mais longe em sua sexualidade, em suas fantasias, no sadomasoquismo, pois chegará o mais perto possível do incesto e de sua proibição. Entretanto, nada disso resultará o principal: colar os pedaços do espelho. Quando o terapeuta toma consciência disso, seu comparecimento consentirá em dissociar esse duo na transferência, e suplantar o duo por uma relação em que se desenvolva a capacidade de fronteira. A não identificação advinda do estilhaçado espelho se contraporá ao emprego estruturante da relação de fronteira com o terapeuta, até que esse novo duo esteja satisfatoriamente intenso para contrabalançar o anterior, e que possa atravessar para o estágio da não dependência. Olievenstein (1989, p. 20) coloca

> [...] então, aquele que, de seu desejo obteve o significante droga, tornando-o um desejo significado, pode tomar como significante o terapeuta e como desejo significado, a liberdade.

Desse modo, buscar-se-ia em cada fase da droga, o narcisismo primário não renunciado devido ao seu *espelho quebrado*; reencontrar o período vivido do prazer e permanecer no paraíso perdido. Sua identidade, mais do que nunca, perpetua um vazio recente, a memória do prazer e da fusão e o conhecimento de que não é mais admissível ir além.

O toxicômano tem como sintoma a droga, e isso faz de seu sofrimento também tabu por sua conotação moralizante. O terapeuta deve também abdicar de seu anseio onipotente terapêutico e revelar-se autêntico perante tal angústia. Essa é a singular forma de acessar o espelho e sua trinca. O empecilho capital é o conceito de normalidade, que abandona o toxicômano à sua penumbra, porque a normalidade é compartilhada entre a realidade de uma consciência externa e a consciência de uma realidade interior não menos desordenada. Nesse estágio macambúzio em que existe a morte, surge, como a inusitada liberdade, a desintoxicação como uma consternação que conclui seu fruto. Olievenstein (1989) revelaria então que é da falta de dependência que sofre o sujeito desintoxicado, é a falta de sentido na vida que o leva ao suicídio. A falta de sentido na vida apontaria ao toxicômano uma única solução:

> Para poder acertar os problemas assim apresentados no campo real, simbólico e do imaginário, superando a intensidade do medo, renunciando, portanto, às relações de dependência, o sujeito tem necessidade de partilhar, e não somente compreender. Porém, não se trata senão de um estágio, em que graças à partilha, pode-se e deve-se transformar o conteúdo fantasmático aterrorizante em um contexto simbólico mais aceitável pelo real, permitindo assim ao sujeito as pressões insuportáveis de seu inconsciente. (p. 26)

A angústia não pode ser extinta, só se é capaz de proporcionar senão uma emenda nos espelhos, para que se estabeleça uma espécie de manto oportuno

DO NARCISISMO À DEPENDÊNCIA

para existir. Na desintoxicação, o sofrimento nasce na dúvida diante do desejo e da necessidade. O que modificou "foi o lugar do voluntarismo psíquico que, de impulso torna-se dominante compulsivo, com a angústia antes da passagem ao ato, depois alívio, depois culpa" (p. 27). O psiquismo principia transbordar de culpa; o sujeito perde toda a inocência do tempo em que existia com a droga, antes de qualquer ensaio de desintoxicação. Ele arruína a miragem de uma solução e recebe, com isso, uma assaz repulsa por si próprio, tendo mais consciência de sua não identidade. O atuar do toxicômano aproxima-se do metamorfosear o real em um real fantasmático que tudo extingue onipotentemente, pois sabe que não possuirá um restaurar, não acolherá nunca mais tudo prontamente. O sofrimento encontra-se no abdicar, na destruição da imortalidade narcísica, amparando-se imediatamente, não mais na lembrança do prazer e da fusão, mas na lembrança do curso interrompido das implicações da droga. O sujeito é obrigado a aceitar e a integrar todas as tendências contraditórias ao seu psiquismo, desse modo, reintroduzindo o tempo tão doloroso a Narciso:

> *O não dito poderá certamente ser formulado, ele não deixará, no entanto, de ser indecente e ilegítimo, a liberdade não desembocará em uma prática, a ruptura com a comunidade dos toxicômanos continuará sendo vivida como a traição, mas o sujeito tem ainda sede dessas comunicações confusas, ele tem saudades dos tempos em que era tanto penetrante como penetrado.* (p. 32)

Abdicar disso representa amortizar-se com a nostalgia que, a qualquer ocasião, pode se transformar em melancolia. O sujeito torna-se competente para alcançar satisfações na expectativa e na demora; sua vida não é mais o impulso. Instrui-se a confiar, aprende a lei social, que não é mais nem exonerada, nem supervalorizada. Ele não possui qualquer perspectiva fantasiosa de conseguir invalidá-la, contudo desvenda que ela não é mais impraticável. Ainda que a angústia contenha o intolerável e que o toxicômano tenha embarcado pelos piores caminhos, é muito complicado induzir sua vivência e seu imaginário ao derradeiro fim da renúncia, e assim regressar ao corriqueiro da vida comum.

Petit (1989) nos revela outra faceta da dependência; mostra um ponto de vista um pouco diferente do de Olievenstein (1989). Ele não recusa o conceito do *espelho quebrado* remetendo à maternidade as questões da toxicomania, porém ele revelaria outra nuance, a saber, da função paterna. O autor coloca que o imperativo droga é o motivo dos sacrifícios e de outras abdicações. A necessidade da droga se impõe por causa de uma falta, surgindo então angústia. Ela adviria diante da falta criada pela necessidade da droga, essa necessidade convém ainda como identidade para o sujeito. O sofrimento acontece quando a necessidade começa a faltar à própria necessidade e não à droga, ou seja, é a falta de dependência que acomete o sujeito. O toxicômano usa sua dor para tampar sua angústia, e é nesse momento

DO NARCISISMO À DEPENDÊNCIA

que se pergunta sobre o lugar do imperativo droga. Assim como a aflição dá lugar à angústia, o escambo da proteção é o sofrimento; é quando ser toxicômano ainda lhe é necessário. Diz o autor que:

> É como se tivesse encontrado nessa necessidade o meio de se libertar, finalmente, das tramas do desejo do outro, mas também, como se fosse só disso que pudesse dispor para esse fim. (p. 54)

Não se refere mais a realizar o desejo, seria imprescindível satisfazer uma necessidade a qual está além de ser simplesmente o redobramento desse desejo. É uma necessidade que vai extrapolar o desejo, que vai abandoná-lo a um nível secundário, porque atualmente ela é mais indispensável, mais incontestável do que o desejo. O desejo de se drogar vai sendo substituído por algo mais enérgico e imperativo; *a necessidade de se drogar*. O toxicômano é alguém que passa a maior parte de seu tempo a satisfazer determinada fusão delirante com o objeto materno. Uma toxicomania é a forma que alguns descobrem para resistir não a essa fusão, mas à angústia dessa fantasia primitiva. Portanto, Petit (1989) difere de Olievenstein (1989, p. 57) na questão:

> [...] o que interessa é verificar se a "necessidade" de droga é ou não é uma necessidade real [...] Trata-se somente do que o toxicômano põe na frente, como motivo, por um lado de sua necessidade, enquanto o coloca sobre tudo: sobre seu desejo, sobre o desejo do outro e até um certo ponto, sobre

> *suas outras necessidades... Afinal de contas, se escapar de toda atividade sexual, ele encontra coisa melhor.*

O Petit (1989) adverte para o fato de que esse princípio é, senão, um dos possíveis nomes do Pai, pois justamente o prazer que a droga produz é o prazer que está ao lado do Pai, como a revelação mais ingênua, mais primária, mais fundamental até de seu desejo do Pai: o prazer seria a concretização do desejo do Pai. Petit (1989, p. 58) se basearia no fato de que a droga seria uma das maneiras mais ativas de causar prazer imediato, porém seria também a maneira mais ativa de não causar o gozo:

> *[...] tratar-se-ia de desalojá-lo dessa postura tipicamente narcisista em que ele é... Nem o pai, que por definição é o agente da castração. Minha hipótese é que onde o pai falha no que é sua função propriamente dita.... É aí que a droga vai funcionar, como um tipo de ortopedia... Quando o Nome-do-Pai não aparece no discurso da mãe, a transmitir o que se produz como "tradição", isto é, como depósito do gozo na família, a droga "assume o poder", como limite para o real.*

Assim, nada mais resta ao toxicômano na barganha do prazer que descobre na droga, que extrair uma parte de seu gozo, quiçá apresente um resultado análogo a um orgasmo, no entanto, análogo ao orgasmo do ejaculador precoce, isto é, ao orgasmo de alguém que se abrevia a encontrar o prazer porque o gozo, o gozo do *outro*, lhe é intolerável: o gozo é ameaçador.

DO NARCISISMO À DEPENDÊNCIA

Para o autor, o essencial da cura consiste em fazer um trabalho equivalente ao trabalho de luto, pois a toxicomania seria uma espécie de *acting-out*, como não sendo constituída no simbólico, ela se encontra no real. O luto é o oposto, uma falta que não se encontra no real, ela está no simbólico. Acontece que na toxicomania o Nome-do-Pai toma o lugar da fissura que a falta da droga deixa no real. Olievenstein (1989, p. 97) contraporia essa ideia relacionando o *não dito* no encontro droga-toxicômano:

> *Quando se admite que a droga é o encontro de um produto, de uma personalidade e de um momento sociocultural, há um não dito que se refere ao produto, um outro que se refere à personalidade, um terceiro que se refere ao momento sociocultural, sendo obviamente que um leva ao outro e vice-versa.*

O autor objetaria, assim, que a relação que o toxicômano vai organizar com seu objeto irá contradizer as relações sociais, consentindo aos sujeitos que supostamente deveriam conhecer em falta, com sua falta. Para ele, há um *objeto transicional* que surge em seu ambiente para abrandar a infecundidade de um posicionamento perverso familiar.

Deparamo-nos, então, com dois posicionamentos sobre toxicomania: um que aponta a falta da função Pai; e outro da fragilidade dos objetos transicionais. No que pertence ao não dito do objeto haveria a recusa de nascer e a recusa de morrer; os mecanismos narcísicos. Na falta primeira, o estágio do *espelho quebrado*, quanto maior for seu excesso, mais falido será o espelho, transformando esse deflúvio em algo ainda mais impagável:

> *A dívida nos leva à referência da identidade como igual ou perto de zero, desde que o espelho se quebrou, mas com a posição inevitável que não existe, no psicótico, a identidade entrevista no próprio momento da ruptura... Não se trata de negação de identidade, mas de algo embelezado, sublimado como o será mais tarde o objeto droga... A relação do toxicômano com essa perda é tão imensa que ele não pode fazer outra coisa senão tentar se proteger... o futuro toxicômano é, como a criança, um perverso polimorfo obrigado a alucinar permanentemente e de forma desmedida o real.* (p. 100)

Quando ele se depara com o objeto droga, ele frequenta o ambiente da rachadura e adorna os pedaços do espelho e, quando os efeitos terminam, restabelece o sujeito à negação de si próprio e à falta. A droga (objeto transicional do toxicômano), preenchendo o papel da identidade, vai arruinando suas qualidades, abdicando o seu espaço para algo mediador, tanto ao interior como ao exterior, que consistirá no estado de falta. Não será mais o prazer que ministrará a existência, mas a falta de aflição averiguará na própria angústia a sua não identidade e ainda uma maneira de existir, uma maneira de se recriar. Desde então, na falta de algo melhor, o estado da falta é almejado, se transformando em tudo. Um tudo inexplicavelmente angustiante que permanece análogo ao mais confinante autoincesto.

DO NARCISISMO
À DEPENDÊNCIA

Em compensação, no desintoxicado o sofrimento seria de outro cunho, pois ele abria mão de algo que lhe reservara ser tudo, se tornando, sem a droga, um nada, o sujeito instrui-se a não mais almejar ser Deus. Quando sustam as implicações do narcótico, a falta interrompe as ilusões. Desintoxicado, o sujeito entende o que realmente é. Quando ele não tem mais os narcóticos, mesmo quando se mostra exteriormente saudável, o vácuo se mostra nele intolerável. Olievenstein (1989, p. 102) compreenderia esse momento como:

> *Estamos diante de uma verdadeira guerra civil interior, entre o desejo de normalidade e o sentimento íntimo profundo, visceral de que essa normalidade não é acessível e que no fim o caminho que o leva periga fazê-lo perder, para sempre, todos os benefícios que adquiriu nos campos do imaginário, do simbólico e do corporal, graças ao produto, embora pagos pela falta do estado de dependência.*

Permaneceria, assim, na relação do toxicômano com os outros uma comunicação e um afeto tabu. Qualquer relação se revolve afugentada pela repressão, porque a única de todas as angústias seria o que é tabu por uma conotação moralizante. Então, a abertura ao ato, recaída ou suicídio, possui, ao sobrevivente, uma forma de comunicação perdida. O sujeito constitui-se, de certo modo, como *perseguidor-perseguido*, que está em falta de dependência, isto é, "[...] sozinho diante da angústia de morte, sem destino, porque ele se quebrou com o espelho" (p. 102-103).

CAPÍTULO 6
Mãe morta, porém não posta

Depois de passearmos pelas duas principais visões reinantes na psicanálise, a saber, a escola inglesa e a francesa, o capítulo em questão tem como objetivo apreciar autores importantes para o tema, que até então não foram citados. Contudo, ele não vem com o intuito de estabelecer uma congruência entre eles, mas sim estabelecer um ensaio e uma síntese entre seus conceitos fundamentais, visando revelar outras facetas do fenômeno paradigma do funcionamento contemporâneo.

A instituição família é a pedra angular da articulação do indivíduo com a sociedade, e com isso o complexo de Édipo advém como fator determinante à concepção e ao desenvolvimento da personalidade. Para o infante, os componentes familiares são os indivíduos para os quais se dirigem seus impulsos e fantasias que ampararam a estruturação das identificações imprescindíveis para a constituição do *Eu* e do *Super-eu*. Klein (*apud* REZENDE, 1994) revela, no curso da

DO NARCISISMO
À DEPENDÊNCIA

psicanálise, dados importantes para contribuições à concepção da fase oral do desenvolvimento psicossexual concebido por Freud. As posições *depressiva* e *esquizo-paranoide* delineiam as conformações características das relações de objeto, angústias e defesas que prosseguem por toda a vida. O modo pelo qual as relações de objeto se agregam na posição *depressiva* conserva-se como o alicerce da personalidade. A reparação e a sublimação suprem a estruturação neurótica e a criatividade permite o enriquecimento dos processos integradores e a procedente diminuição da angústia (REZENDE, 1994).

Klein (*apud* REZENDE, 1994) afirma que a *identificação projetiva* patológica finda o molde de uma relação hostil quando o infante projeta o impulso de destruição ou de dominar a mãe, sentindo-a como perseguidora. Seria na *identificação projetiva* saudável que as funções essenciais das relações objetais, como a comunicação e o pensamento nas relações primitivas mãe/bebê, se constituem, em que o caráter empático é essencial. Mas, sobretudo, seria imprescindível uma plasticidade da personalidade para tolerar a desintegração, e, assim, conseguir alcançar a integração no desenvolvimento mental como processo ativo e aberto.

Para Bion (*apud* REZENDE, 1994) a interação mãe-bebê é estruturante da mente humana. Eles são conectados e sintonizados pelo sentimento comum, e, assim, juntos, propiciam as alterações e conhecimentos necessários para o delineamento do desenvolvimento. A relação mãe-bebê individualiza-se principalmente pela circunstância de total vinculação do bebê aos cuidados maternos. O imperativo de proteção que a criança demanda da mãe despenderá dela uma continência biológica e psicológica adequada para prover o conjunto de expectativas e necessidades promulgadas pelo filho corporalmente. A continência da possibilidade do existir do filho só é plausível pela capacidade da mãe de amar e assentar-se em harmonia com a mente do filho, ao laborar adequadamente os elementos à mente do filho, adequar-lhe a continência que este, todavia, não impetrou. As inaptidões do bebê em aguentar as frustrações molestam a ampliação de seu pensamento e de sua habilidade de pensar, embora o pensar se beneficie ao habituar-se à expectativa em meio ao agitar do desejo e sua realização.

Enquanto o bebê não está apto a suportar as frustrações, ele as banirá para o cerne de sua mãe que precisa auferi-las e modificá-las em material aceitável para a criança e disponível para reintrojeção. Essa competência da mãe em alocar-se em harmonia com o seu bebê seria o que Bion (*apud* REZENDE, 1994) denomina de *revêrie*. A propriedade do vínculo mãe-bebê seria o molde constitucional do estabelecimento das relações objetais e do matiz afetivo da personalidade humana, que se exprime em todas as suas ligações. A incessante afinidade entre a mãe e a criança seria governada pelas *identificações projetivas* e essa pelo

DO NARCISISMO À DEPENDÊNCIA

princípio do prazer, que se liberta como pode dos feitios mentais mais dolorosos. À medida que o princípio da realidade se estabelece, ingressaria no processo a aptidão da mãe e do bebê em lidarem com suas frustrações, e confere gradativamente à criança a ampliação da sua habilidade de significar seus conteúdos. É importante apontar que o processo pode malograr devido à inveja que o bebê tem da mãe.

Outro autor que aponta para o mesmo caminho de constituição subjetiva, apesar de não trilhar necessariamente a mesma rota, é Winnicott (*apud* REZENDE, 1994). Para o autor, no relacionamento inicial da mãe com o filho, faz-se necessário que a mãe se torne um ambiente saudável para o bebê, esse aspecto atitudinal da mãe para com o bebê é chamado de *preocupação materna primária*. O comparecimento de uma mãe *suficientemente boa* é imprescindível para que a criança principie todo o seu processo de desenvolvimento. A maternagem não suficientemente boa seria responsável pelo desenvolvimento de uma identidade falha a qual faz a criança desviar-se das exigências do mundo. O estado original de indiferenciação da criança com a mãe seria o que possibilita a emergência na criança desse estado, permitindo todo o desenvolvimento do *Eu* verdadeiro. A segurança inicial consente ao bebê tolerar suas frustrações e, em seguida desse período de proteção inicial, o infante dissemina-se em experimentos de livre expressão e atos impulsivos, os quais exigem dos pais permanecerem no controle. As fronteiras estipuladas pela disciplina necessitam encontrarem-se presentes, sem interromper o desafio do desenvolvimento dos filhos. O desenvolvimento seria, assim, a resultante da integração entre legado biológico do infante e a unificação de suas experiências vividas. A existência de um ambiente facilitador é primordial. Havendo esse ambiente facilitador, as crianças tornam-se aptas a manter um juízo de segurança na presença de inseguranças manifestas. O caminho da dependência à independência é um processo gradual e delicado, que pode ser perdido e reavido várias vezes.

Seriam das falhas existentes, nessa relação inicial mãe/bebê, os elementos estruturais que concernem a nossa problemática atual, incluindo principalmente a toxicomania. Green (1980) entenderia que a compreensão desses elementos seria fundamental para a caracterização contemporânea da dependência. Para descrever melhor esse processo, o autor cria um novo conceito: *mãe morta*. Esse conceito refere-se à construção de uma imago pelo infante que se forma em sua psique em decorrência de um luto materno. Esse luto materno modificaria brutalmente a percepção do objeto vivo pela criança; manancial de sua vitalidade, transformaria a imago materna em um vulto longínquo, átono, aproximadamente morto, carregando muito densamente os investimentos infantis e afligindo o destino de seu futuro libidinal, objetal e narcisista. A mãe morta seria antagônica ao que se facultaria acreditar: ela seria uma mãe que permanece

DO NARCISSISMO À DEPENDÊNCIA

viva, mas que se encontra morta psiquicamente para o seu rebento, a pequena criança de quem ela cuida. Esse desastre seria irreparável àquela relação mãe-criança que antecede a mãe-morte; o fato da perda, seu caráter categórico e irreversível, terá alterado de forma mutativa a relação objetal. A perda do objeto em um período capital da estruturação do psiquismo humano, durante o qual se instaura uma nova relação com a realidade, impede que o princípio de realidade passe à frente ao princípio do prazer.

Os narcisistas parecem sofrer da perseverança de traços depressivos que extrapolariam a reação depressiva –, pois o fato de um sujeito que desconhecesse a depressão seria possivelmente mais irresoluto do que aquele que ocasionalmente está deprimido. Quando se aborda o conceito do seio ou do objeto, e até mesmo das ameaças relativas à perda da proteção do *Supereu*, todas essas formas de angústia vêm escoltadas pela destrutividade. No caso da mãe morta, não se tem qualquer afinidade com uma mutilação sangrenta fantasiada, pois "ela tem as cores do luto: preto ou branco. Preto como a depressão grave, branco como nos estados de vazio" (GREEN, 1980, p. 252). Ela seria a decorrência mais do que de um agente da angústia que demonstra a perda sofrida no plano do narcisismo. As demonstrações de ódio e os processos de reparação que a elas se seguem, são demonstrações supérfluas a esse desinvestimento fundamental do objeto primário materno. O destino da psique humana seria consecutivamente ter duas imagos maternas e nunca uma única. Essa divisão tem impacto decisivo na concepção do Édipo primitivo, em que o pai, como tal, encontra-se representado sob a forma de seu pênis. O pai está, ao mesmo tempo, na mãe e na criança desde o começo, mais precisamente entre a mãe e a criança. Pelo lado da mãe, no desejo pelo pai, do qual a criança é a realização. Pelo lado da criança, tudo que antecipa a existência de um terceiro, cada vez que a mãe não está totalmente presente; representa o investimento vinculado ao pai, que faz a criança não ser nem total nem absoluta:

> *[...] pois o seio, como o pênis, só pode ser simbólico. Por mais intenso que seja o prazer da sucção ligado ao mamilo, ou à teta, o prazer erógeno tem o poder de remeter a si tudo o que da mãe não é o seio: seu cheiro, sua pele, seu olhar e os outros mil componentes que "fazem" a mãe.* (GREEN, 1980, p. 254)

Dessa forma, com a mãe morta não se trata de uma depressão por uma perda do objeto, ou seja, não está em pauta a dificuldade de um luto do objeto que incluiria o desamparo do sujeito. O traço fundamental dessa depressão é que ela se dá em compleição de um objeto, uma depressão desencadeada por uma desilusão que inflige na ferida narcisista. A modificação na vida psíquica seria sentida como uma desgraça, pois, sem nenhum aviso prévio, o amor foi de súbito perdido. O trauma narcisista estabeleceria como um

DO NARCISISMO
À DEPENDÊNCIA

desengano antecipado que acende a uma perda de *sentido*. E isso se complica:

> [...] sobretudo se o complexo da mãe morta sobrevém no momento em que a criança descobriu a existência do terceiro, o pai, e que o novo investimento será interpretado por ele como a causa do desinvestimento materno, [...] há nesses casos triangulação precoce e defeituosa. Pois é ao investimento do pai pela mãe que é atribuída a retração do amor materno, ou então essa retração vai provocar um investimento particularmente intenso e prematuro do pai como salvador do conflito que se desenrola entre a criança e a mãe. Ora, na realidade, com mais frequência o pai não responde à aflição da criança. Eis o sujeito preso entre uma mãe morta e um pai inacessível, seja porque esse está sobretudo preocupado pelo estado da mãe sem socorrer o filho, seja porque deixa o par mãe-criança sair sozinho dessa situação. (GREEN, 1980, p. 256)

A constituição do seio, cujo encanto é o agente, o escopo e a abonação, ruiriam de uma só vez e sem pretexto algum, estabelecendo, assim, a perda de sentido. Haveria uma distância impreenchível lhe interditando ser. Haveria uma dissociação precoce entre o corpo e a psique; o objeto seria buscado pela sua aptidão de desencadear o gozo isolado de uma zona erógena ou de várias, sem conter afluência de um gozo comum por dois objetos mais ou menos integrados. As sublimações estariam inaptas a exercer seu papel equilibrador na economia psíquica. A ferida narcísea despertará uma dor psíquica incomensurável, em que contemplaremos uma ressurreição da mãe morta que inviabilizará todos os alcances sublimatórios do sujeito. Eles não se perderão, mas ficarão momentaneamente bloqueados:

> Conscientemente, pensa que sua reserva de amor está intacta, disponível para um outro amor quando for a ocasião. Declara-se pronto para investir num novo objeto se este se mostra amável e se puder se sentir amado por ele. O objeto primário, supõe o sujeito, não conta mais para ele. De fato, vai encontrar a incapacidade de amar, não apenas por causa da ambivalência, mas porque seu amor continua tão hipotecado à mãe morta. O sujeito é rico, mas não pode dar nada apesar de sua generosidade, pois não dispõe de sua riqueza. Ninguém tomou sua propriedade afetiva, mas ele não pode gozar dela [...]. Então, a solidão que era uma situação angustiante e a ser evitada, muda de sinal. De negativa, torna-se positiva, fugia-se dela, ela se torna procurada [...]. Há por trás da situação manifesta, uma fantasia vampírica invertida. O paciente passa sua vida nutrindo seu morto, como se fosse o único encarregado disso. Guardião do túmulo, único possuidor da chave da sepultura, desempenha sua função de genitor nutriz em segredo. Mantém a mãe morta prisioneira, que permanece assim como seu bem particular. A mãe se tornou o filho do filho. Cabe a ele reparar a ferida narcísica. (GREEN, 1980, p. 263–273)

Estabelecer-se-ia, então, um contrassenso existencial, pois a mãe de luto, morta, estaria presente como morta, mas assim mesmo presente. O sujeito pode até cuidar dela, mas se curada, o sujeito a

DO NARCISISMO À DEPENDÊNCIA

perde, pois ela o desampara para voltar-se as suas ocupações e para investir em outros objetos. Desse modo, sofre o sujeito preso entre dois lutos: a morte na presença ou na ausência da vida da maternagem.

Todo o processo aqui descrito é essencial para o estabelecimento dos processos simbólicos fundamentais ao desenvolvimento. O filho da mãe morta sofre graves distúrbios no processo de simbolização. Esse processo, que no caso dos filhos da mãe morta foi afetado, seriam segundo Silveira Filho (2002), as primeiras formas de se relacionar do *Eu* e configura a origem dos mecanismos de identificação. Com o mecanismo identificatório estabelecido, a angústia poderá se tornar, então, o predecessor de toda capacidade de simbolização e de toda capacidade de sublimação posterior. Com a falha nesse processo, percebemos, por exemplo, que no dinamismo psicológico de alguns toxicômanos surge toda uma gama de subsídios ligados à impossibilidade de realização da trajetória simbólica que principia com o sadismo infantil e finaliza no período do ajustamento à realidade externa. O toxicômano deparar-se-ia com a angústia de perseguição e sadismo, distúrbios de identidade e mecanismos psicóticos ligados à ausência de distinção entre o mundo interno e realidade externa (SILVEIRA FILHO, 2002).

No desenvolvimento habitual, a fantasia apresentar-se-ia como papel à atualização de conteúdos inconscientes que, pela simbolização, revolver-se-iam plausíveis de progressão na estruturação do *Eu* e em uma maior adaptação à realidade externa. A partir do símbolo, o mundo externo e a realidade objetiva estabelecer-se-iam assentados e vinculados. Nos esforços dos diversos dependentes haveria a carência da competência de simbolização (filhos da mãe morta). As representações psíquicas, na ausência de simbolização, são abstraídas na forma de ideação. Dada a sua dificuldade em formar o simbólico, o sujeito existiria em um mundo conduzido pelos princípios mágicos do prazer. O toxicômano seria alguém possuído e encarcerado pelo símbolo e, portanto, entorpecido para a elaboração simbólica. A relação com a mãe evocaria uma sensação de afastamento e de vazio, pois haveria uma distância impreenchível e que lhe seria interdita ao ser.

Segundo Silveira Filho (2002), a imagem materna contemporânea seria em geral impregnada de conotações fálicas e agressivas, e os conteúdos concernentes à imagem paterna seriam, amiúde, impactantes e paralisantes, saturados de agressividade, pois o pai seria o culpado do desinvestimento da mãe. Assim, seria improvável ao infante ter a imagem masculina humanizada. O distúrbio do dinamismo patriarcal bloqueia a organização do *Eu* no plano do real, do imaginário e do simbólico, visto que nem as bases matriarcais seriam findas, o sujeito estaria acorrentado na posição *depressiva*. Portanto, haveria na contemporaneidade uma dissimulação na noção de

DO NARCISISMO
À DEPENDÊNCIA

identidade, pois seria mais apropriado articulá-la nos níveis mais ilusórios e em um comprometimento extraordinário dos níveis mais profundos. Desse modo, o sujeito contemporâneo demonstra seus processos narcísicos nos elementos simbióticos, agressivos, melancólicos e persecutórios. Esses seriam os grandes sofrimentos do sujeito preso entre os dois lutos: a morte na presença ou a ausência na vida.

As manifestações de personagens míticos e irreais tão comuns hoje em dia representariam os conteúdos arcaicos, primitivos e pouco diferenciados do sujeito. Essas imagens teriam a função de substituírem imagos que não foram estruturadas simbolicamente e não puderam incrementar o *Eu*, tornando-se assim alienantes por não poderem ser elaboradas pelas vivências adequadas. Essas imagens compõem depoimentos do sofrimento corporal, pois simbolicamente resseguram e abrandam o dissociado psiquismo do indivíduo do medo do não ser, da iminência da não identidade e da solidão absoluta:

> *A estrutura de personalidade dos dependentes evidencia que [...] a existência de uma imaturidade afetiva e uma inconsistência estrutural [...] trata-se de quadros de natureza depressiva em que a sintomatologia corresponde a um pedido de ajuda dirigido a um objeto mágico exterior (a droga) que tem como função evitar a queda em um vazio insuportável.*
> (SILVEIRA FILHO, 2002, p. 43-44)

A vivência da insegurança na consistência das imagens parentais, que deveriam convir como exemplos identificatórios, não seria assaz representativa para desencadear um processo de representação interior; elas estão mortas. A existência de um imaginário que adota o espaço da realidade e é experimentado pelo indivíduo como tal fica prejudicado, pois não haveria fronteiras bem tracejadas entre o sujeito e objeto:

> [...] as polaridades se confundem: sadismos e masoquismos são vivenciados conjuntamente; amor e ódio se fundem; a constatação da vida só pode se dar, por comparação, por meio da relação com a própria morte. [...] ele repudiar, rejeitar e desprezar a dimensão social normal e criativa no qual poderia se dar essa estruturação dos dinamismos parentais por meio de vínculos propiciados pela participação emocional. O isolamento em um grupo marginal propicia a vivência do imaginário. (SILVEIRA FILHO, 2002, p. 45)

A impossibilidade de elaboração de uma lei patriarcal no nível do real, do imaginário e do simbólico adviria da mesma impossibilidade de elaboração da lei matriarcal. Os significados humanos objetivos e reais não existem como componente relacional, o dependente constitui uma relação com a ausência, com a falta. Transferencialmente, seu mundo interno de fantasias oferece-lhe figuras míticas e extraordinárias que seriam impossíveis no campo real. Como sobrevivência utilizar-se-ia de defesas muito arcaicas aplicadas nessa batalha contra o não ser, contra a não identidade.

DO NARCISISMO
À DEPENDÊNCIA

Esse mundo com o qual se depararia o dependente se configura tão antiquado e bárbaro que o bombardearia ininterruptamente com uma existência de angústia devastadora, apontando a iminência constante da dissolução. O *acting-out* apareceria, então, como uma vicissitude para sossegar essa desordem interior, resguardando o *Eu* da enxurrada com o qual seu mundo interno se protege, povoado desses personagens atemorizantes. A deficiência de uma lei, patriarcal ou matriarcal, volve a esse *Eu* fragilizado. A dependência configura-se como um fenômeno psíquico ativo, atravessando e compondo a sua inusitada probabilidade de funcionamento mental. Perante a falta de fronteiras, frente à desordem e ao caos em que vive o sujeito, a dependência transformar-se-ia em sua singular referência constante e duradoura, da qual não pode prescindir. A droga institui para o toxicômano sua forma de existir, por fim, a sua insólita possibilidade de ser.

CONSIDERAÇÕES FINAIS

O objetivo dessas considerações é caminhar de forma teórica por uma infância mítica, em que todos os processos psíquicos consigam ser estabelecidos de forma saudável e alcancem seu ápice. A ideia de chegarmos a uma integração plena da identidade, em que o indivíduo conseguiu efetivar todas as suas qualidades que estavam em potência, serve como contraponto às dificuldades e sofrimentos trabalhados nos capítulos anteriores. Talvez seja importante, mesmo que de forma mítica e teórica, contemplarmos outra forma de existência possível, além da dependência. Portanto, essas considerações finais surgem como uma perspectiva distinta dessa tão difundida contemporaneamente.

Desse modo, se as condições de desenvolvimento forem adequadas para o bebê, ele experimentará, cada vez mais, que seu objeto ideal e impulsos libidinais são mais fortes que os do objeto e impulsos maus. Ele será cada vez mais apto a identificar-se com seu objeto ideal e, com o crescimento fisiológico e desenvolvimento de sua identidade, entenderá cada vez mais que esse objeto se tornará mais forte e mais adequado para se defender e para defendê-lo. Quando a criança sentir que seu *Eu* está se desenvolvendo e retendo seu objeto ideal forte, ela se sentirá menos receosa de seus próprios impulsos maus e com isso a angústia diminui, atenuando sua necessidade de projetá-los para fora. Quando se amortece a projeção de seus impulsos maus, atenua também a idealização atribuída ao objeto mau, e, com isso, o *Eu* consegue tornar-se mais integrado, já que está menos empobrecido pela projeção. Com o desenvolvimento da capacidade de tolerância do infante em relação à pulsão de morte, se abrandam seus medos e mecanismos paranoides; a separação e a projeção diminuem, e o impulso para integração do *Eu* e do objeto pode volver-se gradativamente preponderante.

Com esse processo em andamento, o bebê percebe o objeto como total e se relaciona com ele, esse período é capital no desenvolvimento da criança; pois o infante apreende sua mãe como um objeto total. Logo em seguida, ele começa rapidamente a reconhecer outras pessoas em seu ambiente. Quando o bebê reconhece sua mãe, isso significa que agora ele a percebe como um objeto separado dele:

> [...] *o bebê se relaciona cada vez mais não apenas com o seio, mãos, face, olhos da mãe, como objetos separados, mas com ela própria como uma pessoa total, que às vezes pode ser boa, às vezes má, presente ou ausente, e que pode ser tanto amada como odiada.* (SEGAL, 1975a, p. 81)

DO NARCISISMO À DEPENDÊNCIA

Com a percepção de diferenciação *Eu-outro* estabelecida, o bebê inicia um processo de recordação, percorrendo suas experiências boas e más, ressignificando-as, pois passa a perceber que suas experiências com o outro não resultam só de um seio ou mãe boa e má, mas da mesma mãe que é, ao mesmo tempo, fonte do que é bom e do que é mau. Esse reconhecimento de sua mãe como uma pessoa total tem consequências muito amplas e abre uma gama de novas experiências. Perfilar a mãe como uma pessoa total consiste igualmente em distingui-la como um sujeito que tem vida própria e que tem relações com outras pessoas; "[...] o bebê descobre seu desamparo, sua completa dependência dela e seu ciúme de outras pessoas" (SEGAL, 1975a, p. 81).

O *Eu* do bebê se torna integrado, e é cada vez menos cindido em seus elementos bons e maus. A diminuição dos mecanismos projetivos e a maior integração do *Eu* denotam que a percepção dos objetos está menos alterada, para que os objetos maus e ideais se harmonizem. Com essa harmonia torna-se possível ao bebê introjetar um objeto cada vez mais total que auxilia na integração do *Eu*. Na medida em que continua esses procedimentos de integração, o bebê se dá conta, cada vez mais, de que seria a mesma pessoa que ele ama e que ele odeia. Ele, então, passaria a enfrentar novos conflitos relativos, agora, a sua própria ambivalência. Essa alteração no estado de integração do *Eu* e do objeto acarreta consigo uma modificação no enfoque das ansiedades. Na posição depressiva, as ansiedades germinam da ambivalência, sua ansiedade passa a versar sobre suas próprias ofensivas destrutivas que, fantasiosamente, destruíram os objetos que ela ama e dos quais depende inteiramente.

Outro elemento preponderante na posição depressiva é a intensificação dos mecanismos introjetivos, visto que, com o enfraquecimento dos processos projetivos, com a descoberta, em relação ao objeto, de sua autonomia e com probabilidades de se separar dele, o bebê passa a querer ter esse objeto, de consertá-lo dentro si e de resguardá-lo de sua própria destrutividade. A criança mais bem integrada encontra-se exposta a novas emoções pouco experimentadas na posição esquizo-paranoide:

> [...] *o luto e o anseio pelo objeto bom – sentindo como perdido e destruído –, bem como a culpa, uma experiência depressiva característica que surge do sentimento de ter perdido o objeto* [...] (SEGAL, 1975a, p. 83).

No auge de sua ambivalência, o infante passa a ocupar uma posição que o leva à desesperança depressiva. Essa angústia se dá em relação a si mesmo, pois de um lado haveria culpa pela destrutividade dirigida, anteriormente, à sua mãe, e por outro o inesgotável amor que tem por ela e a firme introjeção e identificação com ela. A desordem depressiva é uma batalha permanente entre a destrutividade do bebê e seu amor e impulsos reparadores. O malogro na

DO NARCISISMO À DEPENDÊNCIA

reparação induz ao desespero, seu sucesso a novas perspectivas que foram restauradas. As resoluções graduais das ansiedades depressivas possibilitam a recuperação de objetos bons obtidos pela reparação feita pelo bebê na realidade e na fantasia.

A ascensão à posição depressiva é acompanhada de uma radical alteração na visão da realidade do bebê. Quando o *Eu* se institui e o processo de integração amplia-se, diminui-se o funcionamento dos mecanismos de projeção, a criança passa a compreender de forma mais realística sua vinculação com o objeto externo e a ambivalência de seus próprios impulsos; ela depara-se com sua própria realidade psíquica. O infante se torna consciente de si mesmo e de seus objetos como apartados dele, sendo assim, ele se torna consciente de seus próprios impulsos e fantasias, passando a diferenciar fantasias de realidade externa. O incremento de seu sentido de realidade psíquica está inseparavelmente achegado a seu crescente sentido de realidade externa.

Quando o bebê percebe mais inteiramente seus próprios impulsos, bons e maus, ele passa a experimentá-los de forma menos onipotente, pois a apreensão realística do objeto o faz perceber o impacto de seus impulsos e ações sobre o objeto. Dessa forma, ele apreende gradativamente o poder de seus impulsos e a tonalidade de seu objeto. O malogro de sua reparação mágica na fantasia abranda-se do mesmo modo que a sua confiança na onipotência de seu amor.

Pouco a pouco, ele desvenda o alcance tanto de seu ódio quanto do seu amor, e com o aumento e o incremento de seu *Eu* depara-se cada vez mais com os meios verdadeiros de agir na realidade externa.

O alcance da elaboração gradativa da posição depressiva modifica todas as relações com os objetos. O bebê desenvolve a capacidade de amar e de respeitar as pessoas como indivíduos destacados e diferenciados. Ele se torna competente para distinguir seus impulsos, experimentar responsabilidade por eles e aguentar a culpa. A nova habilidade de experimentar ansiedades e angústias totais por seus objetos o auxilia a controlar seus impulsos. A estrutura do seu *Supereu* transforma-se os objetos ideais e perseguidores introjetados na posição anterior compõem o primeiro esqueleto do *Supereu*. O objeto perseguidor é vivenciado como punitivo e de forma retaliativa e impiedosa. O objeto ideal, com o qual o *Eu* cobiça a se identificar, se revolve na parte do *Eu* ideal do *Supereu*.

A agonia do luto vivenciado na posição depressiva e os impulsos reparadores fortificados para restaurar os objetos amados, internos e externos estabelecem a base da criatividade e da sublimação. Os mecanismos de sublimação e de formação simbólica estão estreitamente vinculados, ambos são obra de conflitos e ansiedades relacionados à posição depressiva. A sublimação é o fruto de uma bem-sucedida abdicação pulsional ocorrida através do processo de luto. Portanto, o desenvolvimento simbólico é a obra do

DO NARCISISMO
À DEPENDÊNCIA

processo de luto; é um trabalho criativo que abarca a amargura e todo o trabalho do luto. Se a realidade psíquica é sentida e individualizada da realidade externa, o símbolo é distinguido do objeto, e é experimentado como tendo sido feito pelo *Eu*, podendo, com isso, ser usado livremente pela criança.

Se o bebê for apto a constituir um objeto interno bom e relativamente protegido, na posição depressiva, as circunstâncias de ansiedade e angústia depressiva não o desviarão à enfermidade, mas levarão a uma elaboração rica levada assim a maior desenvolvimento e criatividade do *Eu*. Porém, se são intoleráveis, as vivências da depressão geram a desesperança no bebê, que enfrenta que arrasou total e irremediavelmente sua mãe e o seio dela. O *eu* utiliza-se de todas as defesas à sua disposição. Essas defesas competem, segundo Segal (1975b), a duas categorias: reparação e defesas maníacas. As ansiedades e angústias depressivas podem ser suportadas através da mobilização de desejos reparadores, se isso ocorrer levam o bebê a um maior desenvolvimento do *Eu*. Caso contrário, a criança lança-se nas defesas maníacas como medida de sobrevivência, cristalizando todo o processo de integração que estava em andamento.

A resolução da depressão pela reparação é um processo lento e precisa-se de muito tempo para que o *Eu* desenvolva satisfatória força para obter segurança em suas habilidades reparadoras. A aflição só pode, então, ser suplantada pelas defesas maníacas, as quais resguardam o *Eu* da desintegração. Quando a amargura e a ameaça diminuem, as defesas maníacas podem gradativamente dar vazão à reparação. A posição depressiva está vinculada à experiência da diminuição da dependência do objeto, por isso é possível que a criança utilize da formação de defesas que serão dirigidas contra qualquer tipo de dependência, os quais poderão ser negados e invertidos. Assim, as defesas maníacas podem ser utilizadas contra qualquer sentimento de ter um mundo interno ou de abarcar nele quaisquer objetos estimados, bem como contra qualquer relação entre o *Eu* e o objeto que revelaria algum tipo de dependência, ambivalência e culpa. A negação da realidade psíquica pode ser mantida pelo reforço da onipotência e do controle onipotente do objeto, mecanismos maníacos.

A repulsa pelo objeto seria igualmente uma negação do fato de estimá-lo, e atua como defesa contra o sentimento de perda e culpa. O objeto da repulsa transforma-se em algo que não seria digno de culpa. A repulsa sentida em relação a ele se transforma em uma justificativa para outros ataques contra ele. Na posição depressiva, o objeto é originalmente atacado de forma ambivalente, quando a culpa e perda não podem ser toleradas, as defesas maníacas entram em cena e o objeto, então, seria tratado com desprezo, controle e triunfo. As atividades reparadoras, então, não conseguem ser levadas a efeito pela criança.

DO NARCISISMO À DEPENDÊNCIA

Quando o bebê adentra a posição depressiva e se depara com o sentimento de ter aniquilado onipotentemente a sua mãe, sua culpa e desespero por tê-la perdido regem nele o desejo de restabelecê-la e instituí-la, com o intuito de readquiri-la. Os mesmos desejos reparadores brotam em relação a outros objetos amados. Os impulsos reparadores originam um maior progresso da integração, o amor frequentemente triunfa contra o ódio e diminui o domínio da destrutividade, elevando a reparação e a reestruturação da lesão ocasionada. O desejo e a aptidão de restauração do objeto bom são o alicerce da competência do *Eu* em sustentar o amor e a resolução dos conflitos. Seria, ainda, pela via do reparo que se recriaria a felicidade perdida e a harmonia de seu mundo. As fantasias e os mecanismos reparadores determinam que a ansiedade e angústia depressiva sejam suavizadas pelas repetidas experiências de perda e recuperação do objeto. Seu próprio ódio se torna gradualmente menos assustador, na medida em que se acrescenta confiança ao seu amor como restaurador daquilo que seu ódio destruiu. Através da reprodução de experiências de perda e recuperação, experimentadas como destruição parcial pelo seu ódio e a recriação pelo amor, o objeto bom se institui progressivamente e passa a ser melhor assimilado no *Eu*.

Quando os impulsos reparadores preponderam, o teste da realidade passa a ser utilizado com maior frequência. A criança observa o impacto da angústia, da ansiedade e da consequência de suas fantasias sobre os objetos externos. Com o estabelecimento da capacidade de reparação, a criança passa a instruir-se sobre como abandonar o domínio onipotente de seu objeto e acolhê-lo como realmente é. O consentimento da realidade psíquica abarca, segundo Segal (1975c), a abdicação da onipotência, o empobrecimento da cisão e a amputação da identificação projetiva. Constitui, também, o consentimento da ideia de separação, abrange ainda tolerar que as pessoas sejam livres, que se amem e se vinculem umas às outras sem dependência.

REFERÊNCIAS BIBLIOGRÁFICAS

BASTOS, L. A. de M. "Armagedon: a violência no mundo contemporâneo". *In*: *Revista Brasileira de Psicanálise*, 2003, p. 259-270, vol. 37 (2/3).

_____. "Corpo e subjetividade: um diálogo da psicanálise com a medicina". *In*: *Revista Brasileira de Psicanálise*, 2003, p. 145-158, vol. 37 (1).

FREUD, S. "Introducción al Narcisismo". *In*: *Obras completas*. 1ª ed. Buenos Aires, El Ateneo, 2003, Tomo II. Original: 1914.

_____. "Lo Inconsciente". *In*: *Obras completas*. 1ª ed. Buenos Aires, El Ateneo, 2003, Tomo II. Original: 1915.

_____. "Duelo y Melancolía". *In*: *Obras completas*. 1ª ed. Buenos Aires, El Ateneo, 2003, Tomo II. Original: 1917a.

_____. "La Teoría de la Libido y el Narcisismo. Lecciones Introductorias al Psicoanálisis". *In*: *Obras completas*. 1ª ed. Buenos Aires, El Ateneo, 2003, Tomo II. Original: 1917b.

FREUD, S. "El Yo y el Ello". *In*: *Obras completas*. 1ª ed. Buenos Aires, El Ateneo, 2003, Tomo III. Original: 1923.

_____. "El Porvenir de una Ilusión". *In*: *Obras completas*. 1ª ed. Buenos Aires, El Ateneo, 2003, Tomo III. Original: 1927.

_____. "El Male-estar de la Cultura". *In*: *Obras completas*. 1ª ed. Buenos Aires, El Ateneo, 2003, Tomo III. Original: 1930.

_____. "El Porqué de la Guerra". *In*: *Obras completas*. 1ª ed. Buenos Aires, El Ateneo, 2003, Tomo III. Original: 1933.

GIL, A. C. *"Como elaborar projetos de pesquisa"*. 4ª ed. São Paulo, Atlas, 2002.

GREEN, A. "A mãe morta". *In*: *Narcisismo de vida narcisismo de morte*. São Paulo, Escuta, 1988.

HEIMANN, P.; ISAACS, S.; KLEIN, M.; RIVIERE, J. "Notas sobre alguns mecanismos esquizoides". *In*: *Os progressos da psicanálise*. Rio de Janeiro, Zahar Editores, 1969. Original: 1946.

_____. "Sobre a teoria da ansiedade e da culpa". *In*: *Os progressos da psicanálise*. Rio de Janeiro, Zahar Editores, 1969. Original: 1948.

_____. "Sobre a observação do comportamento dos bebês". *In*: *Os progressos da psicanálise*. Rio de Janeiro, Zahar Editores, 1969. Original: 1952.

_____. "Algumas conclusões teóricas sobre a vida emocional do bebê". *In*: *Os progressos da psicanálise*. Rio de Janeiro, Zahar Editores, 1969. Original: 1952.

DO NARCISISMO
À DEPENDÊNCIA

KLEIN, M. "Inveja e gratidão". *In*: *Inveja e gratidão e outros trabalhos*. Rio de Janeiro, Imago, 1991. Original: 1957.

LAPLANCHE & PONTALIS. *Vocabulário da psicanálise*. 4ª ed. São Paulo, Martins Fontes, 2001, p. 287-291.

MERLEAU-PONTY, M. *A estrutura do comportamento*. São Paulo, Martins Fontes, 2006.

_____. *Fenomenologia da percepção*. São Paulo, Martins Fontes, 2006.

_____. *A natureza*. São Paulo, Martins Fontes, 2006.

MEZAN, R. *Freud, o pensador da cultura*. 7ª Ed. São Paulo, Companhia das Letras, 2006.

NASIO, J.-D. *Introdução às obras de Freud, Ferenczi, Groddeck, Klein, Winnicott, Dolto, Lacan*. Rio de Janeiro, Zahar, 1995.

OLIEVENSTEIN, C. "A dependência: um fenômeno psíquico ativo". *In*: *A clínica da falta: a falta da falta*. Porto Alegre, Artes Médicas, 1989.

_____. "O sofrimento do sujeito desintoxicado". *In*: *A clínica da falta: a falta da falta*. Porto Alegre, Artes Médicas, 1989.

_____. "O não-dito". *In*: *A clínica da falta: a falta da falta*. Porto Alegre, Artes Médicas, 1989.

_____. "O lugar e objeto das terapias transicionais no tratamento dos grandes toxicômanos". *In*: *A clínica da falta: a falta da falta*. Porto Alegre, Artes Médicas, 1989.

OLIEVENSTEIN, C. "As neuroses toxicomaníacas". *In*: *A droga: drogas e toxicômanos*. São Paulo, Ed. Brasiliense, 1980.

PETIT, P. "Toxicomania e função paterna". *In*: OLIEVENSTEIN, C. *A clínica da falta: a falta da falta*. Porto Alegre, Artes Médicas, 1989.

REZENDE, M. M. "O desenvolvimento mental". *In*: *Curto-circuito: pais, filhos e drogas*. Taubaté, Alvorecer Ed., 1994.

ROSENFELD, H. *Impasse e interpretação*. Rio de Janeiro, Imago, 1988.

_____. "Da toxicomania". *In*: *Os estados psicóticos*. Rio de Janeiro, Zahar, 1968. Originalmente: 1960.

_____. "Psicopatologia da toxicomania e do alcoolismo". *In*: *Os estados psicóticos*. Rio de Janeiro, Zahar, 1968. Original: 1964.

SEGAL, H. "A posição depressiva". *In*: *Introdução à obra de Melanie Klein*. Rio de Janeiro, Imago, 1975a.

_____. "Defesas maníacas". *In*: *Introdução à obra de Melanie Klein*. Rio de Janeiro, Imago, 1975b.

_____. "Reparação". *In*: *Introdução à obra de Melanie Klein*. Rio de Janeiro, Imago, 1975c.

SILVEIRA FILHO, D.X. "Da psicanálise à psicologia analítica". *In*: *Drogas: uma compreensão psicodinâmica das farmacodependências*. São Paulo, Casa do Psicólogo, 2002.

Esta obra foi composta em sistema CTcP
Capa: Supremo 250 g – Miolo: Pólen Soft 70 g
Impressão e acabamento
Gráfica e Editora Santuário